Maroc

Je dédie ce livre à tout le peuple marocain

Ce pays n'est pas un minéral recroquevillé sur lui-même, il ressemble à un arbre dont les racines s'enfoncent dans la terre d'Afrique et dont les rameaux et les feuilles s'étendent jusqu'à l'Europe.

S.M. HASSAN II

Merci

à Moncef Ibnoussina
qui m'a fait découvrir des gravures rupestres à Marrakech,
au Cyber-club SPRINT TECHNOLOGY à Casablanca
qui m'a ouvert ses portes,
à Hassan el Mouraille, bijoutier à Tiznit,
à Bennani Saâd, damasquineur à Meknès,
à tous les artisans, qu'ils soient potiers, chaudronniers,
menuisiers, ciseleurs ou autres,
aux petits commerçants, aux agriculteurs, à tous les Marocains
qui m'ont aidé avec tant de gentillesse à mieux connaître et aimer
le Maroc.

Directeur artistique et technique
Ahmed-Chaouki Rafif
Coordination éditoriale et iconographique
Marie-Pierre Kerbrat

© 1999, ACR Édition Internationale, Courbevoie (Paris)
(Art - Création - Réalisation)
ISBN 2-86770-123-6
N° d'éditeur 1124/1
Dépôt légal : deuxième trimestre 1999
Tous droits réservés pour tous pays

Imprimé en France par Mame à Tours

Yves Korbendau

MAROC

aux multiples visages

ACR Édition

SOMMAIRE

LE MAROC DANS L'HISTOIRE	8
LA CÔTE ATLANTIQUE	33
- TANGER	34
- ASILAH	40
- SALÉ	44
- RABAT	50
- CASABLANCA	66
- EL JADIDA	76
- AZEMMOUR	78
- SAFI	79
- LA CÔTE D'EL JADIDA À ESSAOUIRA	80
- ESSAOUIRA	81
- LA CÔTE D'ESSAOUIRA À AGADIR	90
- TAMRI	94
- AGADIR	95
LE RIF	101
- TÉTOUAN	102
- CHEFCHAOUEN	104
- OUEZZANE	108
- LA CAMPAGNE AU NORD DE FÈS	112
- TISSA ET SES ENVIRONS	121
- SYMBOLES DÉCORATIFS	123
PLATEAUX ET PLAINES	127
- MEKNÈS	128
- MOULAY IDRISS	138
- VOLUBILIS	140
- SIDI KACEM	143
- FÈS	145
- TAZA	168

- OUJDA	170
- MARRAKECH	172
- BOULÂOUANE	190
- CHICHAOUA	192
- LE SOUS - TAROUDANT	193
- BENI-MELLAL	194
- KASBA TADLA	195
- SETTAT	196

LE MOYEN ATLAS — 199

- IFRANE	200
- ITO - MISCHLIFFEN	201
- COL DU ZAD	202
- AGUELMAME SIDI ALI	203
- NOMADES	204
- VERS MIDELT	206
- EL KEBAB ---> BOUMIA	208
- AGUELMAME AZIGZA	210
- SOURCE DE L'OUM ER RBIA	211
- EL KSIBA ---> PLATEAU DES LACS	212
- BIN EL-OUIDANE barrage	214
- CASCADES D'OUZOUD	216

LE HAUT ATLAS — 219

- IMILCHIL	220
- AGOUDAL	222
- TAKKAT - TIMARIYNE - TOUMLILINE	223
- AÏT HANI	224
- COL TIZI TIHERHOUZINE	225
- TAMTATTOUCHTE	226
- TOGHA	227
- OURIKA	228
- AÏT BOUGUEMES	232
- COL TIZI-N-TICHKA	233
- TELOUET	236
- COL TIZI-N-TEST	238
- TINMEL	244

LE VERSANT SUD DU HAUT ATLAS	**247**
- ANEMITER	248
- TAMDAGHT	249
- AÏT BENHADDOU	250
- OUARZAZATE	252
- TIFFOULTOUTE	253
- LE SUD DU HAUT ATLAS	254
- SKOURA	255
- DANS LE KSAR	256
- EL KELAÂ M'GOUNA	258
- BOU THRARAR	261
- VALLÉE DU DADÈS	262
- AÏT ARBI	266
- TINERHIR	268
L'ANTI-ATLAS	**273**
- VERS TAFRAOUTE	274
- TIOULIT	275
- VALLÉE DES AMELN	276
- TAFRAOUTE	278
- ADAÏ	280
- DE TAFRAOUTE À TIZNIT	282
- TALIOUINE	284
- DE TAZENAKHT À AGDZ	285
- DE TAROUDANT À IGHERM	287
- IGHERM	290
- SOUK KHEMIS D'ISSAFEN	292
- VERS TATA	294
- TATA	296
- AKKA	298
- TOUZOUNINE	299
- IGDI	300
- IFRANE DE L'ANTI-ATLAS	301
- TAGHJICHT	302

LE JEBEL BANI

- TAZENAKHT ----> FOUM-ZGUID — 304
- TASSETIFT — 306
- TISSINT — 308

LE JEBEL SARHRO

- ALNIF ---> TAZZARINE — 310

LES PORTS DU DÉSERT — 315

FIGUIG

- FIGUIG — 316
- BOUDNIB — 321

ERFOUD

- LA VALLÉE DU ZIZ — 322
- ERFOUD — 326
- RISSANI — 328
- MERZOUGA — 332

LE DRÂA

- VALLÉE DU DRÂA — 334
- MHAMID — 339
- TAMEGROUTE — 340
- TAGOUNITE — 342

LE GRAND SUD

- TIZNIT — 345
- BOU-IZAKARN — 346
- ASSA — 347
- TAN-TAN — 348
- LA CÔTE AU SUD DE TAN-TAN — 349
- OUED CHEBEIKA — 350
- OUED EZ ZEHAR — 352
- SABKHAT TAZRA — 353
- LAÂYOUNE — 354
- SMARA — 356

INDEX — 358

BIBLIOGRAPHIE — 360

LE MAROC DANS L'HISTOIRE

Le Maroc dans l'histoire

ANNÉE	ÉPOQUE	ÉVÉNEMENTS DU MONDE	ÉVÉNEMENTS AU MAROC
AVANT J.-C. 600000	PALÉOLITHIQUE inférieur et moyen		L'homme est présent près des côte[s] de l'Atlantique Des restes humains sont découver[ts]
150000			————
			Les vastes savanes sont fréquenté[es] par les grands fauves : éléphants, hippopotames. L'Homo Sapiens apparaît
30000	PALÉOLITHIQUE supérieur	Homme de CRO-MAGNON aux Eyzies Dordogne - France	
13000		———— Grotte de Lascaux peintures rupestres Dordogne - France	————
10000 à 5000		————	Civilisation des Mouilliens descendants de l'homme de Cro-Magnon
3000 à 2500	NÉOLITHIQUE		————
			Assèchement du Sahara les habitants se dirigent vers la me[r] à l'Age de Bronze les pasteurs grave[nt]
2650		ÉGYPTE Pyramide de CHEOPS	sur les rochers de nombreux dessins rupestres : éléphants, girafes, rhinocéros,
2500 à 1500		————	hippopotames, zèbres, antilopes, moutons
	PROTOHISTOIRE		————
1789 à 1747		Première dynastie de BABYLONE	CROMLECHS tertres funéraires prévus pour le cul[te]

SITES PRINCIPAUX

A CASABLANCA
carrière de Sidi Abderrahman
à Tanger
Mougharet el Alyia

----

du Haut-Atlas
au
Niger

à TAFORALT
BOUSKARA - MAGHIA
aux confins algéro-marocains

----

es sites longent le Haut Atlas,
le jebel Sarhro, le jebel Bani
et l'Anti-Atlas du N-E au S-O :
Figuig, Tazzarine, Tinzouline,
Foum-Zguid, Tiggane, Akka,
Foum el Hassan, oued Tazka
et l'Adrar Souttouf

M'SOURA
près de Larache

Nucléus acheuléen
oued Drâa

Biface
Aïn Fritissa

Pédonculé
Aïn Fritissa

Hache à gorge
oued Beth

Marrakech
oued Tensift

Foum el Hassan
oued Tamanart

Bélier
Figuig

Gazelles
Foum-Zguid

Antilope
Vallée de Tafraoute

Cromlech
M'Soura

Le Maroc dans l'histoire

Le Maroc dans l'histoire

ANNÉE	ÉPOQUE	ÉVÉNEMENTS DU MONDE	ÉVÉNEMENTS AU MAROC
AVANT J.-C.	PROTOHISTOIRE		Les BERBÈRES
1600			le plus vieux groupe ethnique du Ma[roc] dont on ne connaît pas l'origine, ni l'époque à laquelle il habitait le Ma[roc]
1464		ÉGYPTE	Descendants de plusieurs tribus, ils [ont]
1454		Temple de LOUXOR	des activités pastorales, cultivent e[t] chassent
1100			Les PHÉNICIENS
1000		Amérique centrale début de la civilisation MAYA	partent de Tyr et s'aventurent jusqu'aux côtes du Maroc
814		Fondation de	Ils installent plusieurs colonies
800		CARTHAGE	
753	ANTIQUITÉ	Fondation de ROME	--------
605		NABUCHODONOSOR II, le grand roi de Babylone	
558		CYRUS II le Grand	HANON, amiral carthaginois, longe les côte[s]
450		Empire perse	d'Afrique jusqu'à la Guinée
404		Ruine de l'Empire athénien	Les comptoirs phéniciens sont renfor[cés] C'est la route de l'or et des esclave[s] --------
400			Création du royaume de MAURÉTAN[IE]
300			par plusieurs tribus berbères dans [le] nord du Maroc
146		Chute de CARTHAGE	Il subit l'influence de Carthage --------
49-33			Rome succède à Carthage
25		AUGUSTE empereur romain	Règne de BOCCHUS II, roi de Mauréta[nie] --------
25			Règne de JUBA II, roi berbère --------
APRÈS J.-C.			Règne de PTOLÉMÉE, fils de Juba II,
23-40		CALIGULA	assassiné par Caligula,
37-41		empereur romain	d'où révolte
41		CLAUDE empereur romain	L'empereur romain CLAUDE crée la province romaine de MAURÉTANIE TINGITANE

SITES PRINCIPAUX

Occupation du Rif,
de l'Anti-Atlas
et des régions pré-sahariennes

RUSSADIR (Melill)
TAMUDA (à côté de Tétouan)
TINGIS (Tanger)
LIXUS
MOGADOR (Essaouira)

Les établissements sont :
LIXUS
RUSSADIR (Melilla)
ZILIS (Asilah)

LIXUS
TINGIS
SALA (Rabat)

TINGIS (Tanger)
cité romaine
colonie à ZILIS (Asilah)
BABBA Campestris
(sur le haut de l'oued LOUKOS)
BANASA (sur le Sebou)

VOLUBILIS capitale
camps romains à
TOCOLOSIDA,
S.O. de Volubilis, pour protéger
TAMUDA
à côté de Tétouan

Théâtre
LIXUS

Maison du cortège de Vénus
Hylas attaqué par les nymphes
VOLUBILIS

La Basilique
VOLUBILIS

JUBA II
25 av. J.-C.-23 ap. J.-C.

Le Maroc dans l'histoire

Le Maroc dans l'histoire

ANNÉE	ÉPOQUE	ÉVÉNEMENTS DU MONDE	ÉVÉNEMENTS AU MAROC
APRÈS J.-C.	MOYEN-ÂGE		Islamisation du MAROC
740-742			les Berbères se soulèvent (Kharedjis)
750		Renversement des Omeyyades	Le MAROC indépendant
		Dynastie des ABBASSIDES	Combats contre les troupes omeyyades
763		Fondation de BAGDAD	puis les troupes abbassides envoyées
772			par Bagdad
778		RONCEVAUX	
785		Début de la construction	
786		de la mosquée de	IDRISS Iᵉʳ,
		CORDOUE	descendant d'ALI, fuit l'Arabie
788-921			**DYNASTIE IDRISSIDE**
788-792			IDRISS Iᵉʳ
			reconnu comme chef religieux au Maroc
			Il est le fondateur du premier
			ÉTAT DU MAROC
789			Il crée sa capitale
			Assassiné par un envoyé
			du calife de Bagdad Haroun al Rachid
800		CHARLEMAGNE	
803-828		empereur	IDRISS II,
			chef du royaume,
			achève la fondation de la capitale
848			Décadence des Idrissides
			Combats entre les Fatimides orientaux
			et les Omeyyades espagnols
854			Construction de la mosquée
			des Andalous
857			Construction de la mosquée
			Al QARAOUIYINE
912		ABD ER RAHMAN II	
920		Calife de Cordoue	FÈS tombe au pouvoir
987		HUGUES CAPET	d'une armée berbère
1061-1147			**DYNASTIE ALMORAVIDE**
			Les Berbères SANHADJA,
			nomades chameliers, militaires religieux
			viennent de Mauritanie
1062			YOUSSEF BEN TACHFINE
			crée sa capitale

SITES PRINCIPAUX

FÈS
fondée par IDRISS II

OUALILI
sur l'emplacement de VOLUBILIS
puis à MÉDINET - FÈS
quartier des Andalous

FÈS
AL ALIYA
sur l'autre rive de la rivière

FÈS

FÈS

MARRAKECH

MARRAKECH
fondée par
YOUSSEF BEN TACHFINE
au bord de l'oued Tensift

LE MAROC
sous les Almoravides

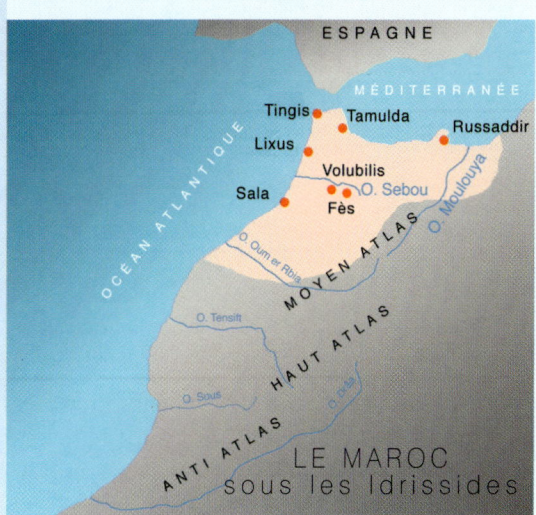

LE MAROC
sous les Idrissides

Le Maroc dans l'histoire

Le Maroc dans l'histoire

ANNÉE	ÉPOQUE	ÉVÉNEMENTS DU MONDE	ÉVÉNEMENTS AU MAROC
APRÈS J.-C.	MOYEN-ÂGE		
1069			Conquête vers le nord
1072		Construction de la mosquée de Séville	
1076			Lutte contre l'empire de Ghana
1083			Conquête vers le nord
1086			Conquête en Espagne — L'autorité est étendue vers le su[d]
1095		Naissance du Portugal	
1099		Prise de Jérusalem par les croisés	
1130-1269			**DYNASTIE ALMOHADE**
			Les Berbères SANHADJA ont à leur t[ête] le profond religieux IBN TOUMERT. Il crée une confrérie dans le Haut At[las]
1129			Son successeur ABD EL MOUMEN bouscule les Almoravides
1140-1147			Tout l'empire almoravide est conqu[is]
1152			Conquête vers l'est
1158			Construction de la KOUTOUBIA
1160			Conquête vers l'est jusqu'en Liby[e]
1187		Reprise de Jérusalem par SALADIN	
1189-1199		RICHARD Iᵉʳ Cœur de Lion	
1195			Construction de la Tour HASSAN
1200		La Reconquista commence	Les Maures se réfugient au Maroc [et] donnent un nouvel essor à la cultu[re]
1204		Prise de Constantinople par les croisés	
1212		Soulèvement de l'Algérie et de la Tunisie	Le royaume s'effondre
1214		Bataille de Bouvines	Les MÉRINIDES, tribu nomade guerrière de Berbères Zénètes, commencent à envahir l'est du Mar[oc]
1216			
1226-1270		LOUIS IX (Saint Louis)	

SITES PRINCIPAUX

FÈS

CEUTA
TANGER

ZALLAGA
Rives du SÉNÉGAL et NIGER

TINMEL

MARRAKECH

SÉTIF
MARRAKECH

TRIPOLI

RABAT

FÈS

Sud du RIF

MARRAKECH
La Koutoubia

RABAT
La Tour Hassan

LE MAROC
sous les Almohades

TERRITOIRES OCCUPÉS
- en 1145
- en 1147
- en 1152
- en 1160

Le Maroc dans l'histoire

Le Maroc dans l'histoire

ANNÉE	ÉPOQUE	ÉVÉNEMENTS DU MONDE	ÉVÉNEMENTS AU MAROC
APRÈS J.-C. 1258-1361	MOYEN-ÂGE		**DYNASTIE MÉRINIDE**
1245			Conquête vers le nord du Maroc : ils établissent leur capitale, favorisent les arts, arment les corsaires
1258-1269			Conquête vers le sud
1271-1295		Voyage de MARCO POLO en Asie centrale	
1275-1286			Quatre expéditions en Espagne
1276-1320			Construction de DAR EL MAKHZEN
1290			Conquête vers l'est et siège
			Construction des médersas
1323			EL ATTARINE
1331			ECH CHERABIYINE
1341			du sultan HABOU EL HASSAN
1348			Nécropole de CHELLAH
1350			BOU INANIA
1247			Campagne vers l'est
1348-1358			Effondrement de l'empire marocain
1368		DU GUESCLIN en Castille	
1358-1465			Décadence des Mérinides
1420		GUTENBERG	
1429		JEANNE d'ARC à Orléans	
1453		Prise de Constantinople par MAHOMET II	
1472-1554	ÉPOQUE MODERNE		**DYNASTIE WATTASIDE**
1415-1486			Les Portugais s'installent dans le nord du Maroc
1486-1550			Les Portugais s'installent dans le sud
1492		Perte de Grenade	
1492		Premier voyage de Christophe Colomb	
1515		FRANCOIS Ier Marignan	
1519		CHARLES QUINT empereur	

SITES PRINCIPAUX

FÈS

DRÂA - SIJILMASSA
SOUS
----
rives du GUADALQUIVIR
SÉVILLE - JAEN - ECIJA

FÈS EL JEDID

TLEMCEN

FÈS
FÈS
SALÉ
RABAT
MEKNÈS - FÈS

OUJDA - TLEMCEN - BISKRA
TUNIS - M'ZAB

CEUTA - SAFI - AZEMMOUR
MAZAGAN

MASSA - AGUER (Agadir)
SALÉ

FÈS EL JEDID - Palais Royal

SALÉ - Médersa

EL JADIDA (Mazagan)

Places portugaises

LE MAROC sous les Mérinides

Le Maroc dans l'histoire

Le Maroc dans l'histoire

ANNÉE	ÉPOQUE	ÉVÉNEMENTS DU MONDE	ÉVÉNEMENTS AU MAROC
APRÈS J.-C.	ÉPOQUE MODERNE		
1515-1550			— Effondrement de l'empire maritime portugais
1519-1522		— Tour du monde de MAGELLAN	
1520		SOLIMAN LE MAGNIFIQUE	Les Portugais ne conservent que trois places
1550			
1510			— Les SAADIENS, originaires du Hedjaz en Arabie (famille de Chérif installée au XVᵉ siècle dans le Drâa), envahissent le Sous
1548-1667			**DYNASTIE SAADIENNE**
1524			— Ils s'établissent à l'ouest du Haut Atlas
1526		— BABUR (le Grand Moghol) empereur de l'Inde	
1541			— Reprise aux Portugais
1542			— Reprise aux Portugais
1554			Montée vers le nord
1578			— Bataille des TROIS ROIS l'armée portugaise est écrasée
1581			— Expédition au Niger
1591			— Expédition et succès d'El Mansour à Tombouctou
1609-1614		— Expulsion des Maurisques d'Espagne	Prospérité, plantation et exportation de la canne à sucre
1610		— Assassinat de Henri IV LOUIS XIII	
1625		— CHARLES Iᵉʳ d'Angleterre	
1643		LOUIS XIV	
1667			**DYNASTIE ALAOUITE** Chérifs (descendants de la famille du Prophète), ils contrôlent le Tafilalet
1664-1672			MOULAY RACHID impose son autorité à tout le Maroc
1669			— Le dernier bastion tombe
1672-1727			— Reprise par MOULAY ISMAÏL : il en fait sa capitale qu'il embellit sans cesse (portes, palais, écuries, mosquées)

SITES PRINCIPAUX

MEHDIYA (Mamora) AGUER

TANGER - CEUTA - MAZAGAN

CEUTA - SAFI - AZEMMOUR
MAZAGAN

MARRAKECH

AGADIR
SAFI - AZEMMOUR
FÈS

près de l'oued LOUKOS
à l'oued MAKHAZEN

Oasis de TOUAT et GOURARA

au SOUDAN sur le Niger

SIJILMASSA

de SIJILMASSA à la MOULOUYA

MARRAKECH

MEKNÈS

MARRAKECH
tombeaux saadiens

Ksar alaouite Oulad Abd Halim (Tafilalt)

SIJILMASSA ruines

MEKNÈS
mausolée de
MOULAY ISMAÏL

Le Maroc dans l'histoire

ANNÉE	ÉPOQUE	ÉVÉNEMENTS DU MONDE	ÉVÉNEMENTS AU MAROC
APRÈS J.-C.	ÉPOQUE MODERNE		
1682			Traité avec LOUIS XIV sans effet
1684			Occuparion de Tanger repris aux Anglais
1520			Construction de plusieurs kasbahs p[our] surveiller les tribus turbulentes
1715		LOUIS XV	
1724			Présence marocaine Les populations maures considèrer[nt] MOULAY ISMAÏL comme leur Chéri[f]
1760			SIDI MOHAMMED BEN ABDALLAH décide de construire un port importa[nt] pour servir à l'exportation des produ[its] caravaniers
1774		LOUIS XVI	
1776		Indépendance des ÉTATS-UNIS	
1777			Le Maroc reconnaît les États-Unis d'Amérique
1789	ÉPOQUE CONTEMPORAINE	États généraux et Révolution française	
1800		Capitulation française en Égypte	
1801			
1804		Sacre de NAPOLÉON	
1830		Prise d'Alger	
1830		Révolution à Paris	
1832		Révolte d'ABD EL KADER en Algérie	
1832			Mission diplomatique française. Le peintre DELACROIX en fait partie [et] réalise un véritable reportage avec s[es] carnets de dessins
1844			Occupation d'Oujda par les troupes françaises
1844 14 août			Bataille d'Isly : traumatisme pour le Maroc Bombardement par la flotte français[e]
1859		SUEZ : percement du canal	
1859-1879			Guerre avec les Espagnols Perte de TANGER

SITES PRINCIPAUX

MEHDIYA (Mamora) AGUER

TANGER

BOULÂOUANE
KASBA TADLA

MAURITANIE

MOGADOR (Essaouira)

OUJDA

TANGER
ESSAOUIRA

TANGER

KASBA TADLA

BOULÂOUANE

MOGADOR (Essaouira)

Le sultan MOULAY SIDI ABDERHAMAN
par Eugène Delacroix

AMIN BIAS
Ministre des affaires étrangères
par Eugène Delacroix

Le Maroc dans l'histoire

Le Maroc dans l'histoire

ANNÉE	ÉPOQUE	ÉVÉNEMENTS DU MONDE	ÉVÉNEMENTS AU MAROC
APRÈS J.-C.	ÉPOQUE CONTEMPORAINE		
1870		Guerre franco-prussienne	
1881		Protectorat français sur la Tunisie	
1894			La prise de Tombouctou et la création de Saint-Louis-du-Sénég. privent le Maroc de revenus
Fin XIXᵉ siècle			Difficultés commerciales, les intérêts de l'Europe augmenta
1883-1884			Voyage de Ch. de Foucauld au Maro
1904		Conférence d'Algésiras Entente cordiale 13 pays	
1907			La France intervient militairement, occupe plusieurs villes
1912 30 mars			CONVENTION DE FÈS Protectorat français LYAUTEY 1ᵉʳ commissaire résident
1914		Ouverture du canal de PANAMA	
1914-1918		Première Guerre mondiale	La brigade marocaine participe et subit de lourdes pertes
1922 1ᵉʳ février			ABD EL KRIM République confédérée du RIF
1925			Guerre du RIF - Abd el Krim exilé
1934			Création du C.A.M., Comité d'Action Marocain, créé par ALLAL el FASSI
1937			Allal el Fassi arrêté, puis déporté
1939-1945		Deuxième Guerre mondiale	Les troupes marocaines participent
1942			Débarquement américano-britanniqu
1953-14/08			Déposition de MOHAMMED V
1954-01			Exil de MOHAMMED V
1955-10/11			Retour d'exil
1956-02/03			Proclamation de l'INDÉPENDANCE Abrogation du traité de Fès FIN DU PROTECTORAT
1956-07/08			La zone espagnole est évacuée
1958			L'Espagne rend Tarfaya
1964			L'Espagne rend le territoire d'Ifni
1975-14/10			Arrêt de la cour de La Haye
1975-06/11			LA MARCHE VERTE 350 000 volontaires se rendent au SAHARA pour renouer avec leurs frèr

SITES PRINCIPAUX

L'ATLAS - ZIZ - TATA
...A - TISSINT - FOUM EL HASSAN

OUJDA - CASABLANCA

LE RIF

ITZER

CASABLANCA
SAFI - KÉNITRA

MADAGASCAR

NORD DU MAROC
TARFAYA
IFNI

LAÂYOUNE

LE ROI MOHAMMED V

LA MARCHE VERTE

S.M. HASSAN II

L'OCCUPATION EUROPÉENNE

LA RÉUNIFICATION

Le Maroc dans l'histoire

PRINCIPALES DYNASTIES

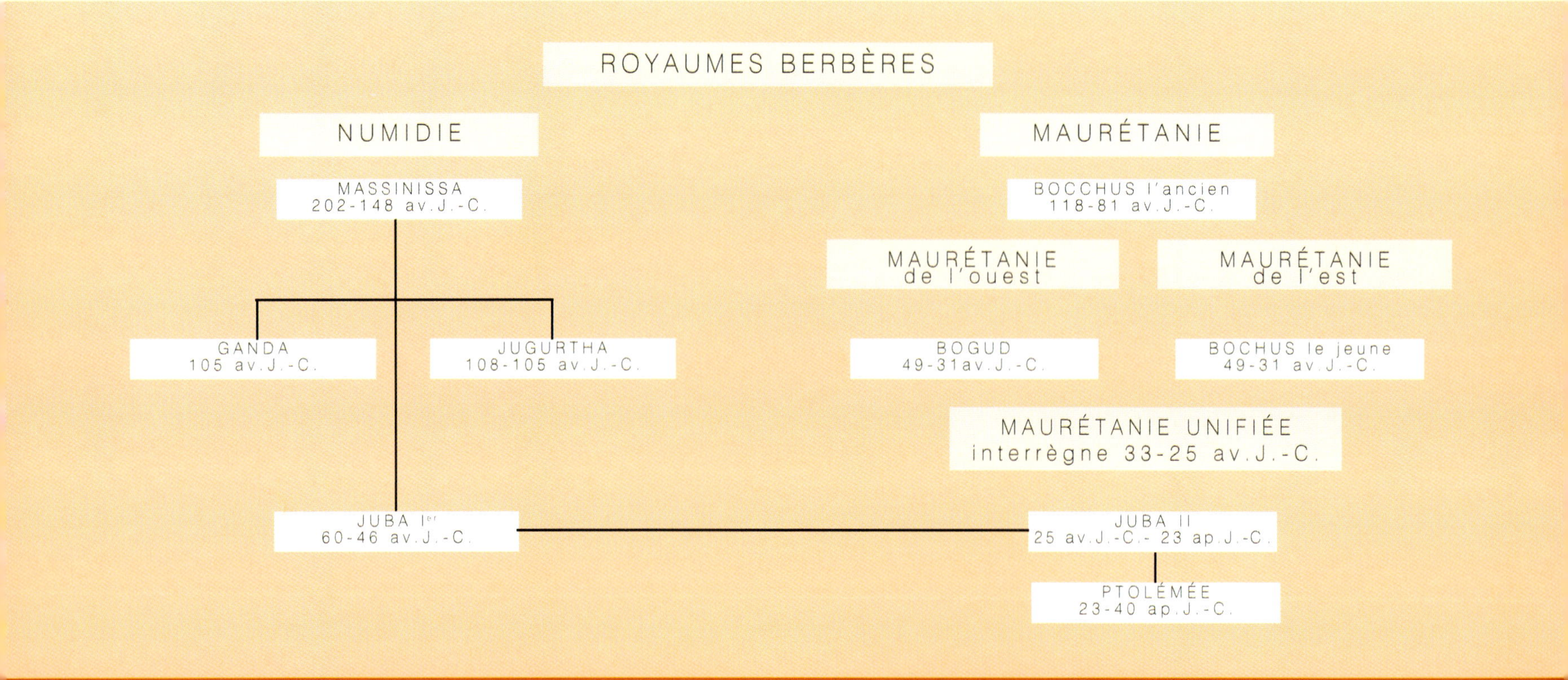

ROYAUMES BERBÈRES

NUMIDIE

- MASSINISSA
  202-148 av. J.-C.
  - GANDA
    105 av. J.-C.
  - JUGURTHA
    108-105 av. J.-C.
  - JUBA Ier
    60-46 av. J.-C.

MAURÉTANIE

- BOCCHUS l'ancien
  118-81 av. J.-C.

MAURÉTANIE de l'ouest
- BOGUD
  49-31 av. J.-C.

MAURÉTANIE de l'est
- BOCHUS le jeune
  49-31 av. J.-C.

MAURÉTANIE UNIFIÉE
interrègne 33-25 av. J.-C.

- JUBA II
  25 av. J.-C. – 23 ap. J.-C.
  - PTOLÉMÉE
    23-40 ap. J.-C.

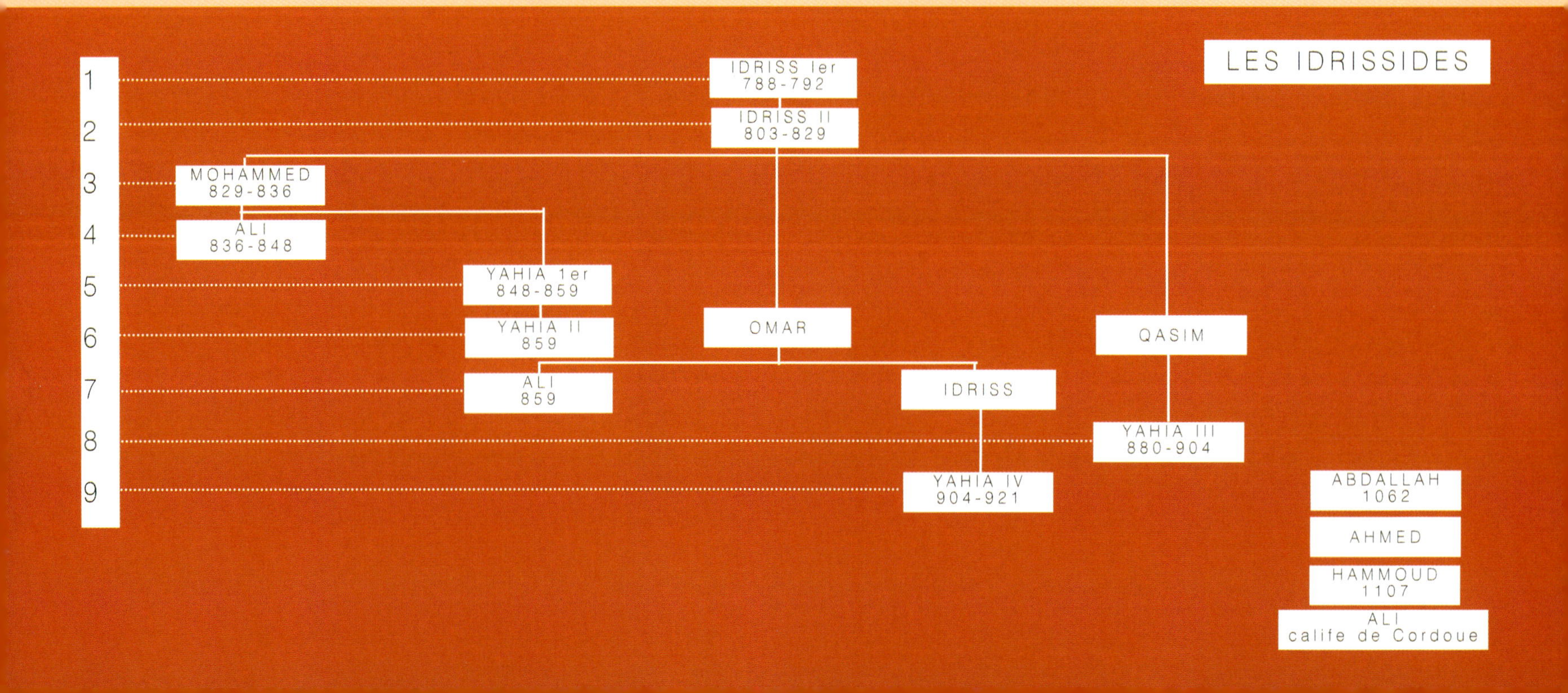

LES IDRISSIDES

1. IDRISS Ier — 788-792
2. IDRISS II — 803-829
3. MOHAMMED — 829-836
4. ALI — 836-848
5. YAHIA 1er — 848-859
6. YAHIA II — 859 / OMAR / QASIM
7. ALI — 859 / IDRISS
8. YAHIA III — 880-904
9. YAHIA IV — 904-921

- ABDALLAH 1062
- AHMED
- HAMMOUD 1107
- ALI calife de Cordoue

LES ALMORAVIDES

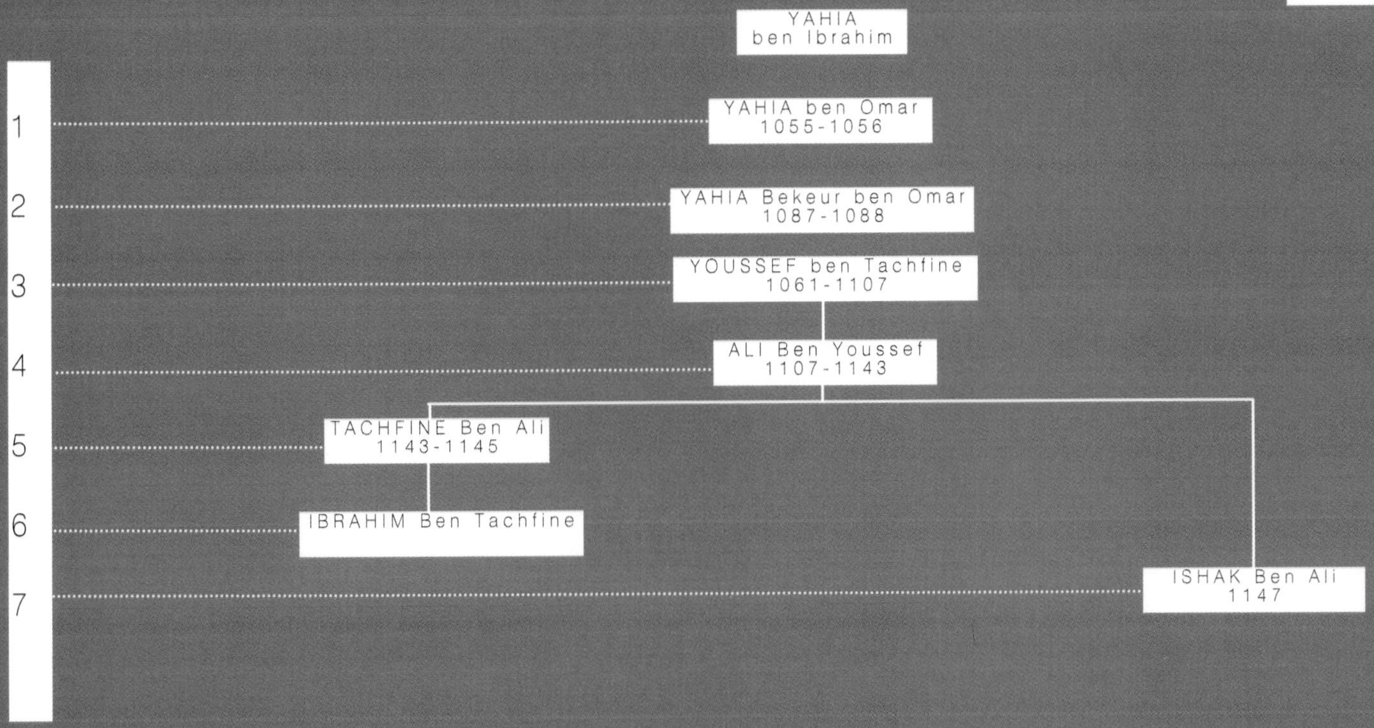

- YAHIA ben Ibrahim
  - 1. YAHIA ben Omar (1055-1056)
  - 2. YAHIA Bekeur ben Omar (1087-1088)
  - 3. YOUSSEF ben Tachfine (1061-1107)
    - 4. ALI Ben Youssef (1107-1143)
      - 5. TACHFINE Ben Ali (1143-1145)
        - 6. IBRAHIM Ben Tachfine
      - 7. ISHAK Ben Ali (1147)

LES ALMOHADES

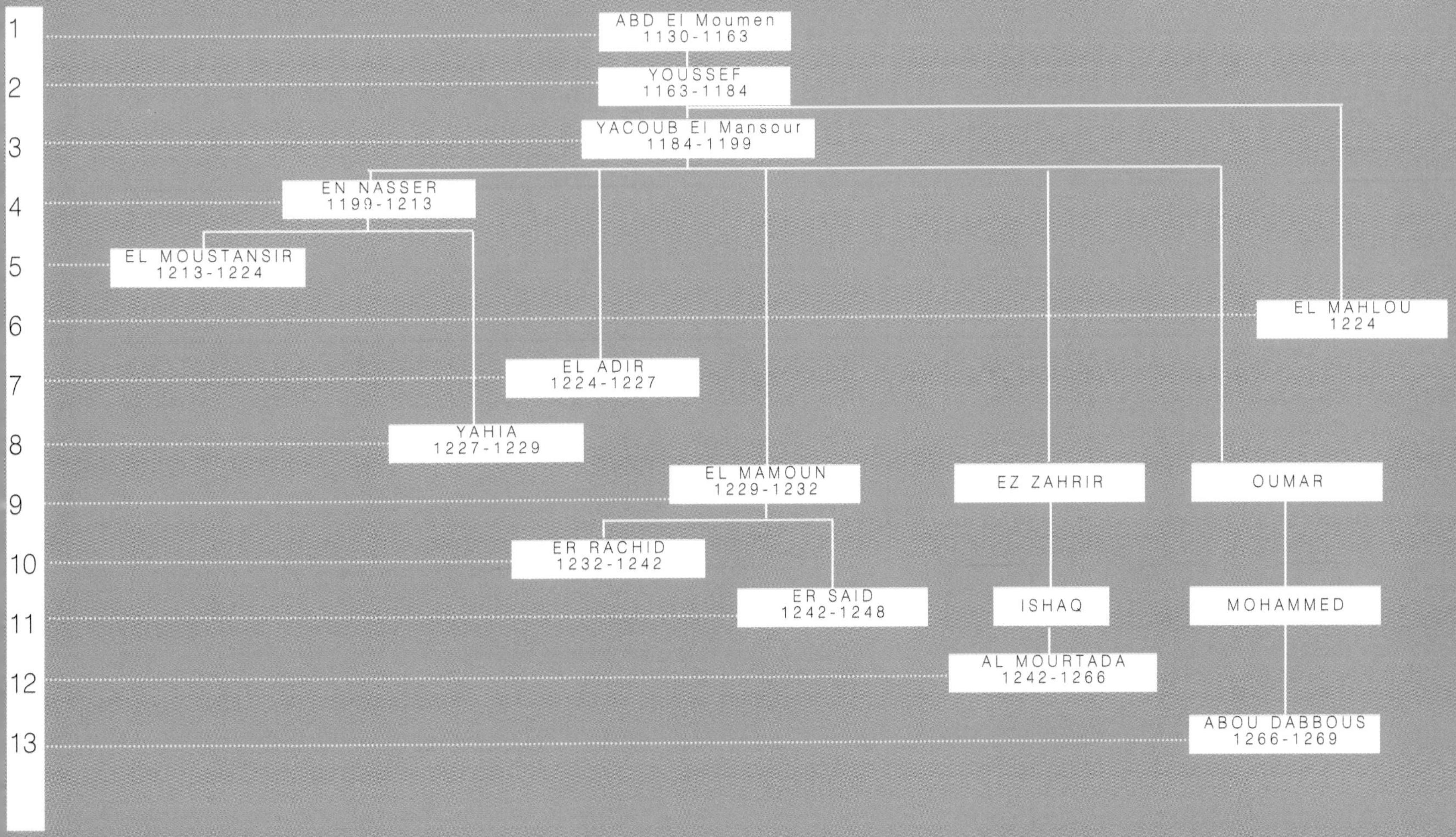

- 1. ABD El Moumen (1130-1163)
  - 2. YOUSSEF (1163-1184)
    - 3. YACOUB El Mansour (1184-1199)
      - 4. EN NASSER (1199-1213)
        - 5. EL MOUSTANSIR (1213-1224)
        - 7. EL ADIR (1224-1227)
          - 8. YAHIA (1227-1229)
      - 9. EL MAMOUN (1229-1232)
        - 10. ER RACHID (1232-1242)
        - 11. ER SAID (1242-1248)
      - EZ ZAHRIR
        - ISHAQ
          - 12. AL MOURTADA (1242-1266)
      - OUMAR
        - MOHAMMED
          - 13. ABOU DABBOUS (1266-1269)
      - 6. EL MAHLOU (1224)

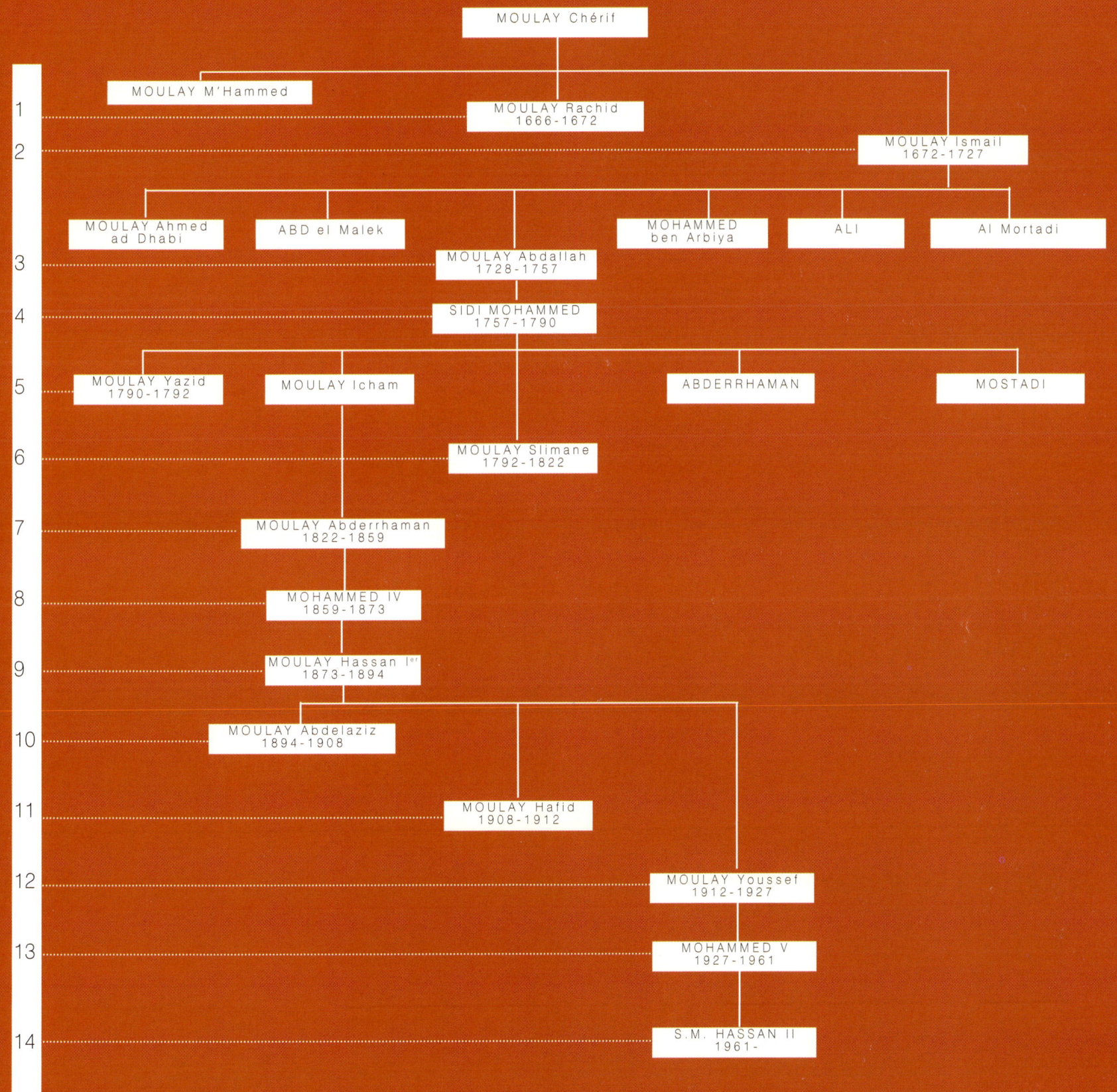

LA CÔTE ATLANTIQUE

Le Maroc est un pays méditerranéen, un pays saharien, mais surtout un pays atlantique, avec ses 2 800 kilomètres de côte depuis le cap Spartel, à l'extrémité nord-ouest de l'Afrique, près de Tanger, jusqu'à Lagouira, à la frontière de la Mauritanie. L'influence du climat maritime s'y fait sentir même au sud, car les chaleurs de l'été ne sont pas torrides et les hivers sont doux ; la température de l'eau est agréable toute l'année.

Cette côte sans cesse battue par l'océan est le plus souvent plate et monotone avec de rares caps très espacés : Blanc, Beddouza, Sim, Juby ; certains sont le prolongement des chaînes de montagnes : Spartel pour le Rif, Rhir au nord d'Agadir est le contrefort du Haut Atlas et au nord de Tan-Tan le cap Drâa, près de l'embouchure de l'oued du même nom, celui de l'Anti-Atlas.

C'est une alternance continuelle de grandes étendues de plages au sable fin et de barres rocheuses où les abris naturels sont rares pour les bateaux.

Malgré cela, les navigateurs phéniciens s'y sont aventurés dès le deuxième millénaire avant J.-C. et ont fondé les premiers comptoirs.

L'amiral carthaginois Hanon, au Ve siècle avant J.-C., fit une expédition le long des côtes marocaines et serait descendu jusqu'au golfe de Guinée.

A l'époque de la Maurétanie Tingitane, 40 après J.-C., les comptoirs créés par les Phéniciens étaient florissants. Puis, pendant plusieurs siècles, la côte fut sous le contrôle des Marocains.

Le reflux de l'Islam d'Espagne eut comme conséquence l'expansion portugaise le long du littoral atlantique de 1486 à 1550. Ils s'établirent d'abord à Asilah en 1471, puis à Safi et Azemmour en 1481. Ils construisirent un fort en 1497 au bord de l'oued Massa entre Tiznit et Agadir, un petit port à Mogador (Essaouira) en 1506 et une forteresse à Santa Cruz de Aguer (Agadir) en 1513. Ils protégèrent la rade de Mazagan (El Jadida) par des fortifications en 1514.

Le déclin commença en 1541 avec la perte d'Agadir et s'intensifia jusqu'en 1550 avec la perte successive de chaque place forte.

Mogador devint un grand port en 1760 avec de vastes aménagements qui servaient à la protection des pirates et surtout de relais aux caravanes sahariennes venant de Tombouctou.

Au XVIIe siècle, les ports de Rabat et de Salé étaient également des repaires pour les pirates qui allaient jusqu'en Angleterre.

Au XXe siècle, les grands ports artificiels sont réalisés : Casablanca (premier du Maroc pour les marchandises, le phosphate, le pétrole et la pêche), Mohammedia (premier port pétrolier), Jorf Lasfar (1980-1990, port minéralier).

Plus au sud, ceux d'Agadir et de Tan-Tan sont principalement des ports sardiniers ; enfin celui de Laâyoune, créé pour l'exportation des phosphates des mines de Boukra.

TANGER

Tanger a une longue histoire : comptoir phénicien et carthaginois, il fait partie de l'empire berbère de Maurétanie, dépendance romaine conquise par les Portugais en 1571, il devint anglais en 1661, zone internationale en 1923, puis est rattaché au royaume du Maroc à l'indépendance en 1956.

La ville s'étale en amphithéâtre sur une colline qui domine le détroit de Gibraltar. On y découvre au sommet la médina coiffée de la kasbah, autour la ville nouvelle qui descend jusqu'au port. Au-delà commence la plage avec son complexe touristique qui s'étend jusqu'au cap Malabata. Le Grand Socco relie la médina à la ville nouvelle et, de cette place, part la rue animée de la Liberté qui conduit à la place de France, la terrasse des Paresseux, le boulevard Pasteur. C'est le centre commerçant où se trouvent de nombreux magasins, cafés, restaurants et les immeubles du début du XXe siècle.

Tanger

La côte atlantique

La place du Petit Socco, cœur de la médina, est entourée de maisons de style espagnol aux balcons et grilles en fer forgé, d'hôtels et de petits cafés où jadis des hommes célèbres ont séjourné ou flâné (Jean Genet, Camille Saint-Saëns, William Burroughs).
La rue Ben Raissoul, étroite et raide, entourée de petites boutiques, mène à la kasbah. Sur la place du Méchouar se trouvent la mosquée au minaret orthogonal, Bit el Mâl (l'ancienne trésorerie à la façade aux trois baies) et Dar el Makhzen (palais du sultan datant du XVIIe siècle). Dans l'enceinte de la kasbah, plusieurs belles maisons appartiennent à de riches étrangers (Paul Bowles, l'écrivain américain, entre autres...).

Tanger

HÔTEL
EL MINZAH

La côte atlantique

ASILAH

La ville d'Asilah a une longue histoire. Son origine est phénicienne ; elle devint colonie carthaginoise, puis romaine. C'est l'ancienne « Zilis ». Au début du moyen-âge, les Normands l'attaquent à plusieurs reprises alors qu'elle est devenue, avec les Arabes, une principauté idrisside. Au Xe siècle, elle passe sous domination des Omeyyades de Cordoue qui en constituent un bastion.

En 1471, les Portugais, pour ouvrir la route de l'or sur l'Afrique, s'en emparent avec 30 000 hommes et une flotte de 477 navires.

Ils dotent la ville de remparts importants et elle devient leur base principale au Maroc. Durant le XVIe siècle, son port a une grande activité et voit les navires vénitiens, génois et marseillais y jeter l'ancre. En 1578, 20 000 soldats portugais y débarquent pour conquérir le Maroc ; cette armée est décimée à Ksar el Kébir au cours de la « Bataille des Trois Rois ».

Les occupants changent continuellement : en 1580, ce sont les Espagnols ; en 1589, le sultan Moulay Ahmed el Mansour en reprend possession. Puis à nouveau les Espagnols pour quelque temps et elle est reconquise par Moulay Ismaïl en 1691. La flotte autrichienne bombarde en 1829 les pirates qui se réfugient dans son port. Les Espagnols font de même en 1860.

Au début du XXe siècle, Raissouni, brigand aux multiples péripéties, devient pacha d'Asilah et se fait construire un palais qui, de nos jours, est devenu un centre culturel.

En 1956, à l'indépendance du Maroc, les Espagnols quittent Asilah.
La ville ancienne est entourée de remparts construits par les Portugais au XVe siècle.
La façade côté océan est bordée par ces remparts qui protègent de jolies demeures.
Près du bastion sud, au pied d'un petit marabout, quelques jolies tombes, que l'ont voit ici, sont marquées au sol par des mosaïques appelées « zelliges ».

Asilah

A l'intérieur des remparts, les petites rues de la médina sont tortueuses et très propres. Les maisons peintes en blanc avec leurs soubassements bleus, les portes basses, les fenêtres bardées de fer forgé, les arcades enjambant la ruelle rappellent l'Andalousie. Depuis le festival musical de 1978, des pans de murs sans ouvertures sont décorés de frises modernes aux tons chauds. Ces peintures sont renouvelées chaque année par de jeunes artistes.
A l'extérieur des remparts, sur la place du marché, de nombreux petits cafés et restaurants accueillent les habitants, vêtus de façon traditionnelle, qui viennent se reposer en bavardant.

La côte atlantique

SALÉ

Sala Colonia, cité de la Maurétanie Tingitane sous domination romaine, a précédé Salé, créée au Xe siècle et devenue la capitale du petit royaume des Béni-Ifren.

Les Almoravides s'en emparent en 1058, puis ce sont les Almohades (1146), enfin les Mérinides la leur disputent.

Anéantie par les Espagnols en 1260, des remparts sont construits pour la défendre par le sultan mérinide qui l'a reprise, un canal est creusé depuis Bab Mrisa jusqu'à la mer pour permettre aux barques de se protéger à l'intérieur des murailles.

Au moyen-âge, Salé connaît une période de prospérité en raison des échanges commerciaux avec l'Angleterre, Venise et les Pays-Bas (spécialités de la région : peaux, tapis, tissus, laine).

Au XVIe siècle, comme sa voisine Rabat, elle devient la cité des corsaires, ce qui lui permet d'augmenter considérablement ses richesses. En 1609, les réfugiés musulmans d'Espagne y contribueront aussi.

Au XIXe siècle, les pirates disparaissent avec l'arrivée des navires à vapeur ; les activités et les échanges commerciaux diminuent.
Sous le protectorat français, la capitale du Maroc est déplacée de Fès vers Rabat ; cette décision est maintenue à la déclaration de l'indépendance.
Cette situation provoque peu à peu le déclin de Salé, mais ne l'empêche pas de conserver encore à ce jour un véritable intérêt par la qualité de sa médina et la beauté de ses monuments.
Un immense cimetière s'étire en longueur, face aux Oudaïas de Rabat, sous les murailles, en bordure de l'estuaire du Bou Regreg qui sépare Salé de Rabat.
Du haut de ces murailles la vue sur l'étendue du cimetière et sur l'ensemble de la ville de Rabat est remarquable.

La côte atlantique

Salé

Plusieurs portes permettent d'entrer dans la médina. A l'intérieur c'est un véritable dédale de ruelles qui passent par les souks pour mener à la Grande Mosquée, la médersa et la zaouïa de Sidi Abdallah ben Hassoun.
Dans les souks on trouve le marché de la laine (souk el ghezel), celui des bijoux, paniers et tissus (souk el merzouk) et la vente d'ustensiles divers et de vêtements (souk el kebir).
Le portail de la Grande Mosquée peut être admiré aussi depuis les toits de la médersa Abou el Hassan.

Dans une petite ruelle à droite après la Grande Mosquée se trouve la zaouïa de Sidi Abdallah mort en 1604.
Il est vénéré comme patron des voyageurs et la veille du Mouloud une grande procession a lieu dans les rues de Salé ; les pêcheurs, richement habillés, lui portent des lustres décorés de cierges.

Salé

La médersa, construite en 1333 par le sultan Abou el Hassan, est un bel exemple de l'art des Mérinides.
Bien que petite, son plan établi selon la tradition comporte une cour centrale avec au fond la salle de prière et son mihrab. A l'étage les cellules des étudiants entourent le patio central. La décoration particulièrement riche comprend en partie basse des zelliges (également sur les colonnes rondes), puis des stucs finement ciselés et, sous les avant-toits, des entablements en cèdre sculpté.

La côte atlantique

RABAT

Les premières traces d'occupation remontent au VIIIe siècle avant J.-C. et se trouvent sur le site de la nécropole de Chellah. Les Phéniciens, puis les Romains, s'installent (agglomération du nom de Sala Colonia).
Au Xe siècle, les Berbères Zenata fondent Rabat et construisent un ribat à l'emplacement des Oudaïas ; puis, au XIIe, les Almohades édifient une kasbah pour implanter un camp militaire afin de s'opposer à la conquête espagnole.
Suite à des campagnes victorieuses en Espagne, Rabat connaît un moment de gloire.

Yacoub el Mansour fait élever plusieurs kilomètres de murailles et percer la porte principale des Oudaïas. Il entreprend la réalisation de la plus grande mosquée de tout l'Islam, son minaret étant la Tour Hassan. Mais à sa mort en 1199, le projet n'est pas achevé. La ville reste en sommeil jusqu'au XVIIe siècle où les réfugiés, les pirates et les flibustiers viennent augmenter la population. Les fameux corsaires pillent les navires revenant des Amériques vers l'Espagne et le Portugal. Rabat regorge d'or, d'innombrables richesses, mais aussi d'esclaves, ceci jusqu'au XIXe siècle.

Rabat devient capitale pendant une courte période sous le règne du sultan Ben Abdallah (fin XVIIIe siècle).
En 1912 la capitale est déplacée de Fès vers Rabat au début du protectorat français et en 1956, lors de l'indépendance, la ville reste capitale et demeure royale.
La kasbah des Oudaïas, construction la plus importante de la ville, est entourée de murailles hautes de 10 mètres. Parmi les différentes portes permettant d'y pénétrer la plus imposante est Bab el Oudaïas ; son passage en chicane débouche sur la rue principale (Jamaa).

Au bout de cette rue on descend vers le café maure pour déguster un thé à la menthe avec des cornes de gazelles (pâtisserie), tout en admirant l'estuaire du Bou Regreg et le magnifique panorama de la ville de Salé.
A côté le jardin andalou, entouré de murailles, est fréquenté par des personnes âgées et des jeunes qui viennent bavarder ou se reposer, à l'ombre d'une végétation luxuriante.
Le quartier d'habitation est sillonné par de nombreuses ruelles qui forment un véritable labyrinthe.

La côte atlantique

Rabat

La côte atlantique

AU MARCHÉ CENTRAL

LE MARCHÉ AUX TAPIS DE LA RUE DES CONSULS

La côte atlantique

Rabat

Le sol de ces ruelles, ainsi que les maisons, sont peints à la chaux. Les soubassements, d'un bleu assez soutenu ou ocre, donnent une lumière colorée à l'ensemble.
Les portes de chaque demeure, entourées de mosaïques, contrastent avec des tons brun sombre.
La plupart de ces maisons ont été construites par des musulmans réfugiés d'Espagne. Maintenant des artistes, séduits par le site, y résident. Mais le quartier possède toujours sa mosquée, sa petite école et sa boulangerie.

La côte atlantique

Rabat

La Grande Mosquée de Rabat (Jamaa es Souna) est située en partie haute de la ville, son minaret la domine. Sidi Mohammed ben Abdallah la fit construire au XVIIIe siècle. Elle a été remaniée depuis.

Pour la prière du vendredi, les personnalités du palais et du gouvernement se rendent à la mosquée El Faeh (ou El Fas).
Cette mosquée fait face au Palais Royal qui est situé à l'opposé de la grande place du Méchouar.

La Tour Hassan surplombe la vallée du Bou Regreg avec ses 44 mètres de hauteur. A cette époque de l'apogée de l'architecture almohade (1190) sont réalisées dans la même conception la Giralda de Séville et la Koutoubia à Marrakech.
Le mausolée de Mohammed V, construit en 1967, comprend une kouba en marbre blanc de Carrare et une mosquée aux murs de pierres ocre et aux tuiles vertes. L'intérieur du mausolée est richement décoré de mosaïque, de sculptures en bois de cèdre du Liban et d'acajou.
Le sépulcre de Mohammed V est en onyx du Pakistan. A son côté repose le frère, mort en 1983, de S.M. le roi Hassan II.

La côte atlantique

Au sud, en dehors de la ville après Bab Zaers, on aperçoit les murailles et la porte d'accès de Chellah. Dans l'enceinte des ruines romaines de Sala Colonia ne subsistent que quelques fondations.
L'intérêt porte sur la nécropole, les restes d'une mosquée et d'une médersa mérinides.

Le minaret coiffé d'un nid de cigognes demeure en bon état. Le sultan noir Abou el Hassan (mort en 1348) est enterré là près de son épouse chrétienne convertie à l'Islam. La végétation luxuriante est le refuge des oiseaux.

Rabat

Le boulevard Hassan II, parallèle à la muraille des Andalous, sépare la médina de la ville nouvelle. L'avenue Mohammed V, perpendiculaire au boulevard, part face à l'entrée principale de la médina et monte jusqu'à la Grande Mosquée. C'est l'avenue majeure de la ville avec des édifices importants (poste centrale, Banque du Maroc, palais de justice, chambre des représentants) qui ont été construits dans les années trente.
Le quartier environnant est le siège des différentes ambassades, des consulats, des banques et de nombreux bureaux.

Les magasins de choix (confection, articles de luxe, librairies culturelles) sont implantés dans cette avenue et les rues voisines.
Une grande partie de la ville nouvelle est encore entourée par les restes de l'enceinte almohade du XIIe siècle dans laquelle on pénétrait par cinq portes monumentales. Parmi les plus belles encore existantes, on peut citer la porte des Zaers située face à Chellah au sud de la ville et Bab Er Rouah (porte des vents) ouvrant dans la direction de Casablanca.

Le Méchouar (vaste étendue entourée de remparts) comprend différents bâtiments : la mosquée el Faeh, la caserne, la cour de la garde royale et le Palais Royal dissimulé derrière de hautes murailles. Seuls les portes monumentales et les toits de tuiles vernissées vertes sont visibles.
Ce palais a été construit au siècle dernier sur l'emplacement de ceux de Sidi Mohammed ben Abdallah (XVIIIe siècle) et de Sidi Mohammed ben Abderrahman (1864).

HÔTEL DE LA TOUR HASSAN

La côte atlantique

Casablanca

Casablanca, avec ses trois millions d'habitants, est la plus grande ville du Maroc, le premier port, le plus grand centre administratif, commercial et industriel. Elle se présente comme une métropole occidentale mais garde un cachet particulier avec une certaine nonchalance et l'on peut remarquer que le costume traditionnel (burnous, djellabas) s'y porte toujours à côté des vêtements de la dernière mode européenne, pour les hommes comme pour les femmes.

CASABLANCA

La côte atlantique

La corniche d'Aïn Diab est une véritable station balnéaire à la ceinture de Casablanca, équipée de piscines, hôtels, restaurants et cafés.
Le long de cette côte, les plages sont très fréquentées tous les jours en été par les Casablancais.

Les immeubles ultra-modernes aux façades de verre, les hôtels luxueux, comme ici le Royal Mansour, les grandes banques, les restaurants et grands magasins, les belles avenues, les installations balnéaires de la corniche, le quartier résidentiel d'Anfa, les clubs d'informatique font de Casablanca une ville moderne qui contraste avec l'ancienne médina ou le quartier des Habous.
Le Centre 2000, vaste centre commercial situé près de la gare du port, reflète la modernité à l'occidentale.

La côte atlantique

Casablanca

Les grandes avenues du centre ville (des Forces Armées Royales, Mohammed V et Hassan II) se dirigent vers la place Mohammed V. Elles sont bordées par des immeubles des années 30 ; c'est un ensemble « Art déco » exceptionnel qui n'existe nulle part ailleurs. Les bâtisses de ce style sont nombreuses (la poste, le marché central) et ornent également la rue piétonne du Prince Moulay Abdallah. La place des Nations-Unies (œuvre de l'architecte J. Marrast), construite en 1920, est le centre administratif constitué d'un ensemble bien rythmé par des arcades en pierre blonde et blanche (Palais de justice, Banque du Maroc, poste). La statue du maréchal Lyautey est présente dans le jardin du consulat de France. Comme résident général, il fut à l'origine de l'essor de la ville et de son plan d'urbanisme.

La côte atlantique

La côte atlantique

L'augmentation de la population, résultant des besoins en main-d'œuvre, fut forte dans les années 1920. Pour subvenir à cette demande, une nouvelle médina a été construite par l'architecte Ed. Brion suivant le style marocain mais avec des règles d'urbanisme mieux adaptées. Les marchands sont installés sous des arcades bordant des ruelles qui se dirigent vers la place principale dominée par le minaret de la mosquée Moulay Youssef. On peut y voir des artisans au travail, comme les fabricants de nattes.
Le long de cette médina a été construit dans les années 50 le palais Mahakma. Ce bâtiment, utilisé pour des séances du tribunal et les réceptions du Pacha, possède une élégante décoration dans ses soixante-quatre salles et ses cours.

Tel un puissant « Phare pour les croyants », le minaret de la mosquée Hassan II est visible à des dizaines de kilomètres et son rayon laser, dirigé vers La Mecque, éclaire à près de 40 kilomètres.
Sa Majesté Hassan II souhaita orner Casablanca de la plus grande œuvre architecturale moderne du monde musulman pour le culte. Son implantation au bord de l'océan représente tout un symbole pour les fidèles. De même son environnement, comportant une esplanade qui s'étend sur un site de neuf hectares et qui peut recevoir 80 000 pèlerins, montre la volonté d'accueillir le plus grand nombre de personnes pour la prière.

Un autre aspect remarquable a été la volonté de mettre en valeur toute la qualité et la variété de l'art traditionnel marocain. Le Maroc reste encore un des rares pays dans le monde où l'artisanat est d'une si grande valeur. Des milliers d'artisans venus de Fès, Marrakech, Safi, etc. ont participé à la décoration. Le travail a été considérable et toutes les techniques ont été utilisées : sculptures et peintures sur bois, stucs ciselés, moucharabiehs en acajou, ébène ou cèdre... ; tous les matériaux nobles : titane, laiton, bronze, cuivre, zelliges, marbre, granit...

L'imposante salle de prière peut recevoir 25 000 fidèles dans un décor somptueux ; son toit s'ouvre largement et permet à la lumière naturelle de pénétrer en abondance à l'intérieur.

Ceci complète l'image des trois éléments de la vie : *l'air* représenté par le ciel, *l'eau* par l'océan et *la terre* par l'ancrage des fondations de la mosquée dans le sol.

EL JADIDA

Les Portugais s'implantent à partir de 1502 sur l'emplacement du comptoir phénicien de Rusibis. Ils construisent un fortin appelé Mazagao (nom francisé en Mazagan). C'est alors une base importante pour les expéditions vers l'Inde. Les Arabes, sous la conduite de Mohammed ben Abdallah, prennent possession de la ville en 1769. Elle est complètement détruite par les Portugais à leur départ. En 1820, Moulay Abderrahman relève les ruines d'El Jadida, « La Nouvelle ».
Depuis le bastion de l'Ange, la vue couvre l'ensemble de la cité portugaise jusqu'au minaret de la Grande Mosquée.

L'immense salle souterraine, dite « citerne portugaise », servit sans doute à l'origine de magasin de vivres ou d'armes, puis de citerne.
Elle a été oubliée sous les ruines après le départ des Portugais et découverte par hasard en 1916 par un commerçant qui voulait agrandir son échoppe.
L'éclairage zénithal et les reflets des voûtes dans l'eau donnent un effet impressionnant et plein de mystère.

AZEMMOUR

Les Portugais, établis de 1513 à 1541 à Azemmour, ont construit une forteresse en bordure de l'Oum er Rbia. Les remparts entourent les maisons toutes blanches de la médina. Autrefois, la colonie juive était importante, mais depuis le départ des Juifs vers Israël, le mellah est à l'abandon et la plupart des maisons sont en ruine : il ne reste que les façades. Seule la synagogue, reconnaissable à son inscription en hébreu « Rabbi Abraham Moul Niss », est bien conservée.

SAFI

La côte atlantique

Les Phéniciens et les Romains utilisèrent le port naturel de Safi. Les Almohades, au XIIe siècle, y établirent un centre religieux et les Portugais construisirent ensuite les fortifications qui entourent la médina.
Le port actuel doit son importance à la pêche à la sardine et à l'expédition des phosphates.
Les potiers, dans le quartier de Bab Chaaba, travaillent l'argile de bonne qualité trouvée sur place (tuiles vernissées et surtout des céramiques réputées : plats, vases...).

LA CÔTE D'EL JADIDA À ESSAOUIRA

Au sud d'El Jadida, la côte est très variée : cap Blanc (Jorf Lasfar), superbes falaises, nombreuses plages agréables.
Un port important a été construit à Jorf pour l'expédition des phosphates. Avant Oualidia, le littoral est utilisé pour une culture maraîchère intense et prospère. Après le cap Beddouza et avant Safi, de grandes falaises hautes de 150 mètres bordent la côte.
La route est jalonnée de plusieurs marabouts ou de petites mosquées qui, chaque année, sont des centres de grands moussems : Moulay Abdallah, marabout de Sidi Bouzid, Moulay Bou Zerktoun.

ESSAOUIRA

Essaouira

Sur l'emplacement d'Essaouira, les Portugais construisent un port au début du XVIe siècle et installent une petite forteresse. C'est un excellent repaires pour les pirates et, au XVIIIe siècle, il favorise l'exportation des denrées qui proviennent des caravanes sahariennes (échange des produits européens contre la poudre d'or, le sel, l'ivoire et les esclaves).
Actuellement, il est utilisé pour la pêche (sardines, turbots, loups, soles), bien que supplanté par des ports mieux équipés industriellement.
Au retour des bateaux, l'activité y est intense : vente du poisson à la criée, réparation des filets et préparation des lignes pour le prochain départ.
La construction des bateaux en bois présente un grand intérêt en raison des anciennes techniques appliquées et de l'outillage utilisé.

La côte atlantique

Essaouira

Au XVIIIe siècle, profitant de sa situation stratégique sur la côte, le sultan Mohammed ben Abdallah décide de construire une base navale importante pour permettre aux corsaires de naviguer, d'avoir un repaire sûr et de faire des actes de représailles contre la population d'Agadir.
Il commande à l'ingénieur français Cornut (son captif) les plans du port, de la ville et de leurs protections. Cette défense comprend les remparts, les bastions et les sqalas : du port, de la kasbah et de la ville. Ce sont des plates-formes surélevées, longues de 200 mètres, qui permettent d'aligner des canons de bronze derrière des murs crénelés. Le rez-de-chaussée était utilisé pour les réserves de munitions ; de nos jours, les artistes y travaillent le thuya et réalisent de merveilleux objets en marqueterie.

La porte de la Marine a été construite pour pénétrer dans la ville depuis le port. La date de sa construction est inscrite sur le fronton (1184 de l'hégire, soit 1769). Derrière cette porte et avant d'atteindre la ville, on passe devant le bâtiment des douanes. De robustes bastions sont élevés à chaque angle des sqalas et des remparts, d'où l'on a une vue splendide sur la baie et les îles.

Les îles de Mogador (appelées également îles Purpuraires en raison d'une fabrique de pourpre construite par Juba II) se distinguent par la fortification importante qui domine ; c'est une ancienne prison.

Au pourtour, plusieurs îlots minuscules servent de lieu de reproduction aux oiseaux migrateurs, les faucons Eléonore notamment.

L'accès de ces îles est interdit : c'est une réserve ornithologique.

La côte atlantique

Essaouira

La place Moulay Hassan, jalonnée de belles demeures, de nombreux petits cafés et restaurants, est le lieu de rencontre des artistes, des touristes et des étrangers qui vivent à Essaouira. C'est aussi un centre d'affaires. A partir de cette place, on accède à de nombreuses petites ruelles, souvent couvertes, qui méritent d'être parcourues pour la diversité des façades des maisons.
Deux voies parallèles traversent la ville : la rue Sidi Mohammed ben Abdallah et l'avenue de l'Istiqlal.
La première, très animée, mène au mellah. La communauté juive, qui était très importante (50% de la population), n'existe pratiquement plus.
Dans l'avenue de l'Istiqlal, qui part des remparts et longe la médina, il règne une grande activité commerciale.

La côte atlantique

Essaouira

Deux petites places bordées d'arcades se situent de part et d'autre de l'avenue de l'Istiqlal. L'une est le domaine des marchands d'épices, de grains, et l'autre celui des nattes, ustensiles de cuisine...
A proximité, le souk des bijoutiers, autrefois occupé par les Juifs qui travaillaient le filigrane, a été rénové. A présent, les vitrines des nombreuses et minuscules boutiques rivalisent entre elles par la profusion de bagues, bracelets, boucles d'oreilles et colliers en or.

LA CÔTE D'ESSAOUIRA À AGADIR

La côte atlantique

La côte au nord d'Agadir, sur une trentaine de kilomètres jusqu'au cap Rhir (contrefort du Haut Atlas), offre de nombreuses petites criques avec de belles plages ; c'est une alternance de rochers, de dunes et de végétation de pins et d'arganiers. Les arbres rabougris prennent des formes bizarres et torturées sous l'action continuelle du vent. Cette région au climat très clément permet à de nombreux touristes étrangers d'y passer les mois d'hiver en profitant de l'ensoleillement.

Essaouira-Agadir

Toute la campagne entre Essaouira et le cap Rhir, à l'intérieur des terres, est occupée en grande partie par de véritables forêts d'arganiers. Cet arbre a une hauteur maximum de cinq à six mètres.
Les chèvres, très friandes des feuilles et des fruits, n'hésitent pas à grimper dans les arbres pour les savourer ; les dromadaires, également, apprécient ces fruits. Des noyaux on extrait l'huile d'argan (alimentation, pharmacie). Le bois, très dur, est utilisé pour la fabrication du charbon.

TAMRI

Cette longue côte de 170 kilomètres entre Essaouira et Agadir est sans doute la partie la plus belle entre Tanger et la Mauritanie en raison des paysages très variés : rivage rocheux, plages, dunes de sable, forêts d'arganiers.
Un seul grand estuaire fait une coupure, celui de l'oued Aït Ameur à Tamri. Son embouchure présente une large ouverture dans la côte et la vallée cultivée semble une véritable oasis occupée par la plus grande bananeraie du Maroc. Les bananes sont petites mais excellentes et ressemblent étrangement à celles des îles Canaries.
On peut encore observer dans cette lagune des oiseaux qui deviennent rares : les ibis du Cap.

AGADIR

Du haut de la kasbah, située à 236 mètres, on jouit d'une vue panoramique extraordinaire sur l'ensemble de la ville d'Agadir. A l'est, vers l'intérieur, on aperçoit le centre administratif, le quartier des commerces et des affaires; le long du littoral, l'immense plage de sable fin de près de neuf kilomètres avec ses nombreux hôtels modernes ; puis, au nord, les installations portuaires.

Agadir

Les Portugais ont fondé en 1515 la ville appelée « Santa Cruz de Aguer ». Les Saadiens s'en emparent en 1541 et créent un port important servant à exporter les produits du Sous : dattes, canne à sucre.
En raison de la concurrence du sucre des Antilles, le port est fermé en 1765.
La kasbah, édifiée en 1540 par Mohammed Ech Cheikh, est rénovée en 1742 par Moulay Abdellah pour résister aux attaques des Portugais.
Lors du tremblement de terre de 1960, la ville est entièrement détruite. Seuls les remparts ont été reconstruits et, à l'intérieur, il ne reste qu'une vaste esplanade à l'emplacement de l'ancien quartier qui était fort peuplé. La plupart des victimes sont ensevelies sur place.
Ce n'est qu'à partir de 1945 qu'Agadir devient une station touristique importante puisque, actuellement, elle représente près de 50 % des recettes du tourisme au Maroc.
Cette situation ne doit pas faire oublier les installations modernes du port où le poisson est traité dès son arrivée dans les conserveries. C'est un port sardinier qui se place aux premiers rangs mondiaux.
L'importation des hydrocarbures, des céréales et les exportations de fruits et légumes complètent son activité.
Le 29 février 1960, en quinze secondes, presque la totalité de la vieille ville et la kasbah sont détruites. Le bilan est très lourd avec 15 000 morts pour une population de 50 000 habitants.

La reconstruction commence en 1962 sur un plan d'urbanisme volontairement moderne. L'ensemble du peuple marocain apporte son soutien matériel et le choix des architectes du Maroc – Zevaco, Azagury, Tastemain – permet de donner une unité architecturale à l'ensemble en évitant de laisser à chacun le soin de faire des œuvres conséquentes et disparates.

Le long de la plage, une zone de verdure est réservée uniquement au secteur hôtelier.

Trois artères principales parallèles à la côte sont créées : le boulevard Mohammed V, le boulevard Hassan II et l'avenue du Prince Moulay Abdallah.

Les immeubles administratifs, les banques, les agences de voyages se trouvent entre deux avenues perpendiculaires aux grands boulevards : l'avenue du général Kettani et l'avenue du Prince héritier Mohammed.

Parmi les bâtiments modernes, entourés de verdure et de zones piétonnes, il faut citer certains édifices comme la Grande Mosquée, la poste principale avec son mur penché en béton et son éclairage zénithal intérieur, l'hôtel de ville et ses larges baies vitrées qui évoquent la transparence, le tribunal où les différentes masses s'équilibrent par la variété des matériaux.

Cette partie vivante de la ville, qui est également celle des cafés, des restaurants, des boutiques de mode et de souvenirs, est très fréquentée par les touristes.

Agadir

MÉDINA D'AGADIR

La « Médina d'Agadir », sur la route d'Inezgane, construite à l'intérieur d'une haute muraille, sera une présentation des arts et traditions du Maroc. Ici tout est réalisé par des artisans, depuis la fabrication des briques en terre crue pour la construction des murs jusqu'à la confection des plafonds faits avec des branches de lauriers appelées « tataoui ». Les petits cafés, restaurants, boutiques artisanales offrent déjà aux visiteurs toutes les spécialités confectionnées sur place par une équipe travaillant le bois, la pierre, le cuir et l'argent.

LE RIF

Le plissement de la chaîne bétique, au nord de Grenade en Espagne et de la sierra Nevada au sud, poursuit sa courbe au Maroc après la cassure du détroit de Gibraltar et forme la montagne du Rif qui va mourir à Melilla au cap des Trois Fourches. Sa face nord, abrupte le long de la Méditerranée, a une côte souvent inaccessible parsemée de nombreuses petites criques. A l'inverse, le versant sud s'étale doucement vers le bassin de l'oued Sebou. Ce plissement s'étend sur une longueur de 250 kilomètres ; peu important à Tétouan, large dans sa partie centrale où les sommets culminent à plus de 2 000 mètres (jebel Tidiquin 2 448 m), il s'amincit à son extrémité est.

La partie occidentale est bien arrosée et la végétation abondante : forêts de chênes-lièges, de pins, sapins et cèdres.

Par contre, la région orientale est plus sèche et c'est la steppe qui domine.

Les habitants sont principalement des Berbères « kabyles ». La population, dense dans cette région montagneuse, est répartie en de multiples petits villages ou hameaux. Il n'y a que très peu de villes importantes : Tétouan, Chefchaouen, Ouezzane et Al Hoceima qui sont de gros centres de marché.

Les tribus y sont souvent restées indépendantes du gouvernement central ; les accès, qui étaient difficiles, favorisaient cette situation.

Depuis plusieurs années, des routes ont été créées et désenclavent ce vaste territoire : de Tétouan ou de Fès à Al Hoceima.

Les cultures de céréales – orge, maïs – ou de légumes ainsi que des vergers et des oliveraies sont établis en terrasses irriguées artificiellement. L'élevage de moutons et de chèvres est complété par celui des chevaux dont la réputation n'est plus à faire et que l'on peut admirer lors des fantasias.

TÉTOUAN

Le Rif

La ville s'étale sur la pente d'une colline face aux contreforts du Rif. Depuis le XIe siècle, son histoire est mouvementée. La ville nouvelle garde une empreinte espagnole. La place Hassan II, dominée par le Palais Royal, fait la jonction avec la médina. A l'intérieur, c'est un enchevêtrement de ruelles tortueuses coupées par des passages voûtés qui débouchent sur de petites places charmantes ayant chacune leurs activités. Il n'est pas rare de voir dans la foule les paysannes habillées de leurs foutas (tissus à rayures blanches et rouges) et les hommes d'une tunique sans manche.

CHEFCHAOUEN

Chefchaouen

A 620 mètres d'altitude, Chefchaouen est adossé à deux montagnes : le jebel Kalaa et le jebel Meggou.
Moulay Ali Rachid fait construire la kasbah pour créer une base de départ servant à l'attaque des Portugais. Refuge des Andalous lorsqu'ils quittèrent l'Espagne, elle est restée ville sainte et interdite aux non-musulmans jusqu'en 1920.
Abd el Krim, pendant la résistance du Rif, y installe son repaire. Prisonnier des Espagnols, il est enfermé dans la kasbah.

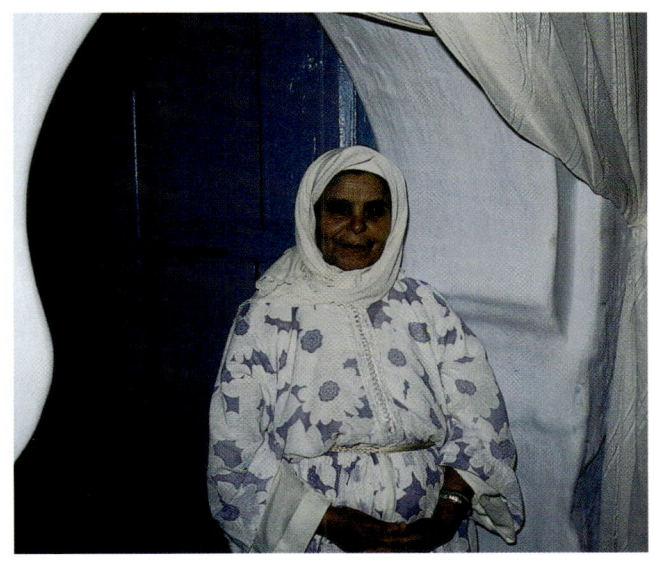

La place Uta el Hammam est le cœur de la médina ; elle est dominée par la kasbah (XVIIe siècle) avec ses superbes jardins, et par la Grande Mosquée au minaret octogonal construite au XVe siècle par le fondateur de la ville. De cette place part un dédale de ruelles pavées de galets et bordées par les murs blancs bleutés des maisons, qui cachent derrière leurs portes bleues d'agréables patios. Parfois, un passage voûté rappelle les maisons andalouses, nostalgie des réfugiés d'Espagne.

OUEZZANE

Le Rif

La ville d'Ouezzane s'étale au pied du jebel Bou Hellal, contrefort sud du Rif.
Elle a grandi autour de la zaouïa fondée par un descendant d'Idriss II, Moulay Abdallah ben Brahim. Le chérif instaura un ordre religieux, « les Taiba », et, au début du XVIIIe siècle, avait construit la zaouïa appelée « mosquée verte » en raison de son minaret octogonal revêtu de zelliges verts et d'entrelacs.
Les chérifs d'Ouezzane profitèrent de la situation géographique du lieu aux abords du Rif pour avoir une influence politique vis-à-vis des sultans désirant acquérir leur alliance, les territoires du Nord n'étant pas sous leur contrôle. De ce fait, Ouezzane a eu une importance religieuse et politique jusqu'au siècle dernier.

Ouezzane

De la place de l'Indépendance qui sépare la ville moderne de la médina, on accède aux différents souks par une succession d'escaliers : souk de la laine dont le commerce est florissant dans la région, souk des marchands de tissus et des tisserands, quartier des forgerons, des charpentiers du bâtiment et des menuisiers d'art.
On ne peut se déplacer qu'à pied ou avec des ânes dans ces ruelles étroites aux nombreuses échoppes et aux fortes dénivellations que l'on gravit par des escaliers.
Le long de ces parcours, il reste encore quelques vieilles demeures aux portes décorées de zelliges qui appartenaient aux anciens chérifs d'Ouezzane.

Contrairement aux autres villes, cette médina n'est pas entourée de remparts et, des terrasses qui surplombent la ville moderne, on admire le paysage environnant : plantations d'orangers, d'oliviers et champs de tabac.
Par sa situation à l'est de la fertile plaine du Rharb et au sud-ouest des montagnes du Rif, Ouezzane est un centre important pour les marchés : huile d'olive, raisins secs et vente de la laine.

LA CAMPAGNE AU NORD DE FÈS

Le Rif

Le paysage et l'habitat de la région située au nord de Fès sont d'une qualité exceptionnelle. Dans l'ensemble, ils n'ont pas été détériorés par l'apport d'éléments étrangers à la construction traditionnelle.
La pureté des volumes, la nature et la simplicité des matériaux employés pour les murs et les toitures sont remarquables. Cette harmonie dépouillée de tout artifice inutile se trouve aussi bien à l'intérieur qu'à l'extérieur de ces maisons.

Au nord de Fès

Le Rif

Au nord de Fès

Au printemps, les couleurs jouent dans des gammes infinies de verts, tandis qu'en été et à l'automne la palette est comprise dans les ocres et les bistres.
La plupart des habitations sont dispersées à travers la campagne et forment un groupe de bâtiments qui hébergent plusieurs générations d'une même famille.
Les locaux à usage domestique et ceux qui abritent les animaux et les réserves de fourrage entourent deux cours intérieures en un ensemble fermé.

Au nord de Fès

Au sud des contreforts du Rif, la vallée de l'oued Ouerrha, affluent de l'oued Sebou, est prospère. Elle récolte les eaux abondantes des montagnes environnantes. Ce qui a permis la construction du plus grand barrage d'Afrique du Nord entre les villages d'Ourtzarh et Fès el Bali. Il s'étend sur plusieurs dizaines de kilomètres.
Sur l'oued Sebou, à quelques kilomètres au nord de Fès, il existe encore d'immenses norias de plus de six mètres de diamètre qui servent à l'irrigation.

Le Rif

La « Route de l'Unité », allant de Fès à Al Hoceima, a été créée après l'Indépendance à la demande de Mohammed V pour faciliter les communications vers le Rif.
Les paysages sont superbes et d'une grande diversité sur tout le parcours. Si l'on quitte cet axe, on découvre le barrage d'Idriss Ier sur l'oued Inaouene qui permet l'irrigation de milliers d'hectares. La région de Tissa, très vallonnée, ne manque pas d'intérêt. Elle possède un très bel habitat rural.

Au nord de Fès

TISSA

Le Rif

Plusieurs pièces entourent la cour intérieure réservée aux membres de la famille : la salle commune, les chambres et la cuisine. Les étables pour chèvres et moutons et les poulaillers sont indépendants et disposés autour de l'autre cour fermée. Une enceinte extérieure, constituée de branchages d'épineux, enveloppe le tout et protège la basse-cour. Le four à pain familial est construit dans cet enclos avec la même terre que celle utilisée pour les murs de la maison.

Tissa

SYMBOLES DÉCORATIFS

Le Rif

Symboles décoratifs

L'argile, matière première trouvée sur place, sert à la fabrication des briques crues séchées au soleil. Les murs bâtis avec ces briques et un mortier de terre sont enduits sur les deux faces d'une couche de terre. Chaque année, ou presque, les femmes peignent les façades avec de la chaux non teintée, ce qui leur donne au fil des ans ce modelé aux formes douces.
C'est avec une teinture extraite d'une pierre tendre ocre rouge que les femmes les décorent. Les dessins, un peu naïfs, représentent soit des plantes et des fleurs réparties sur les soubassements des maisons, soit des graphismes divers : étoiles, « mains de fatma », motifs de broderie qui encadrent les ouvertures : portes et fenêtres.

Le Rif

PLATEAUX ET PLAINES

Le paysage marocain est composé d'un ensemble de plaines et de plateaux encerclé par plusieurs massifs montagneux : le Rif, le Moyen Atlas, le Haut Atlas et l'Anti-Atlas.

- **Le bassin du Sebou** s'étend entre le Rif et le Moyen Atlas depuis la trouée de Taza jusqu'à la côte atlantique.

  - La région de **Taza** est la limite du partage des eaux entre la Méditerranée (bassin de l'oued Moulouya) et de l'Atlantique (bassin de l'oued Sebou).
  Depuis les légions romaines jusqu'au début du XXe siècle, ce verrou a été le cadre de nombreux combats.

  - Les plaines du **Saïs** (environs de Meknès et Fès) possèdent des terres fertiles qui permettent des exploitations agricoles importantes : céréales, vignobles et arbres fruitiers.
  Cette région a toujours été convoitée au cours des siècles (Volubilis, les grandes villes impériales de Meknès et Fès).

  - La plaine du **Rharb** asséchée qui s'étale jusqu'à la côte atlantique a également des terres fertiles où les cultures maraîchères et fruitières sont abondantes.

- **La meseta** (semblable à la meseta centrale de l'Espagne) est constituée d'une succession de plaines le long de l'océan mais à l'intérieur des terres, depuis le sud de Rabat jusqu'à Essaouira. Ce sont les plaines de la **Chaouia** (Casablanca, Settat), de **Doukkala** (El Jadida) et d'**Abda** (Safi).
Ce sont également des régions agricoles mais moins prospères.

- **Des plateaux** aux terrains accidentés et couverts de forêts de thuyas et de chênes-lièges se situent en arrière-pays avec, au sud, les plateaux des phosphates.

- **Des bassins intérieurs** sont formés par les oueds qui descendent du Moyen Atlas et du Haut Atlas ; c'est la région de Khénifra, la plaine du Tadla et la plaine du Haouz (Marrakech).
L'agriculture est possible grâce aux systèmes importants d'irrigation.

- **La plaine du Sous** est enserrée entre le Haut Atlas et le Moyen Atlas et forme une cuvette ouverte vers l'Atlantique.
Son climat pré-saharien est atténué par l'influence maritime.
L'irrigation de la vallée permet une culture arboricole et maraîchère très florissante.

MEKNÈS

Plateaux et plaines

Au Xe siècle, les Berbères de la tribu des Meknassa occupaient cette région ; la ville est fondée par les Almoravides. En 1672, Moulay Ismaïl décide que Meknès deviendrait la capitale. Elle prend ainsi un grand essor. Il fait construire une résidence monumentale par 30 000 esclaves, dont 3 000 prisonniers chrétiens. Quand Moulay Ismaïl meurt en 1727, la capitale est transférée à Fès et le déclin commence. Le tremblement de terre de 1755 y contribuera également.
Une porte imposante permet d'entrer dans le mausolée de Moulay Ismaïl. Après avoir traversé trois cours successives agrémentées de fontaines, on accède à la pièce d'où l'on aperçoit son tombeau et ceux de ses deux fils. Le décor est somptueux : colonnes de marbre, zelliges, plafond de cèdre.

Meknès

Plateaux et plaines

La région, spécifiquement agricole, permit à Meknès de devenir une ville vivante et un grand centre de commerce.
La place principale entre la façade de la cité impériale et l'entrée de la médina est appelée « El Hédime » (démolition), l'espace ayant servi à déposer les matériaux lors de la construction de la ville.

C'est le centre des activités de la vieille ville, le lieu de rencontre. Sa restauration est récente, des boutiques de petits commerces, des potiers s'installent sous les arcades, un peu en arrière se trouve un grand marché couvert bien achalandé. Au fond de la place, devant le palais Jamaï, il y a de belles fontaines richement décorées de fins zelliges.

Meknès

Plateaux et plaines

La médersa Bou Inania, située en plein centre de la médina, est sans doute l'un des plus beaux monuments de la ville.
Elle a été construite par deux sultans mérinides : Abou el Hassan (1331-1350) et Abou Inan (1350-1358).
Son plan est traditionnel : une cour centrale, la salle de prière en face de l'entrée, des galeries au rez-de-chaussée et à l'étage sur trois côtés. Une centaine d'étudiants logeaient dans les cellules réparties sur les deux niveaux.
La décoration est très fine : mosaïque au sol, zelliges et carreaux excisés, stuc ciselé sur les murs et en partie haute des entablements en cèdre sculpté sous la toiture en tuiles vernissées.
De la terrasse on a une vue générale de la médina et sur le minaret de la Grande Mosquée.

L'accès à la cité impériale est marqué par la majestueuse Bab Mansour. Son corps principal est flanqué de deux bastions avancés qui reprennent la décoration de la partie centrale : arc en fer à cheval, écoinçons, encadrement de losanges en céramique à dominante verte. Le gigantesque Dar el Ma (maison de l'eau) précède le Heri es Soumi (grenier à grains) dont il ne reste que les immenses piliers, les toits s'étant écroulés lors du tremblement de terre de 1755.

Dar Jamaï, construit au XIXe siècle par le vizir de Moulay el Hassan, fait face à Bab Mansour sur la place El Hedime. C'est un exemple remarquable d'habitation avec un jardin andalou, utilisée par les hauts dignitaires ; actuellement, ce bâtiment est transformé en musée.

Le souk est l'un des plus intéressants du Maroc. On y trouve de merveilleux ouvrages brodés, des tapis, des poteries. Des artisans travaillent le bois, le cuivre et la damasquinerie, spécialité de Meknès, qui consiste à incruster un fil d'argent en le martelant sur des objets en fer ou en cuivre pour réaliser des motifs décoratifs.

La mosquée Nejjarine, datant des Almohades, a gardé son minaret d'origine ainsi qu'une belle porte en bois coiffée d'un entablement couvert de tuiles.

Plateaux et plaines

MOULAY IDRISS

Plateaux et plaines

La ville sainte, lieu de pèlerinage, étagée entre deux versants verdoyants du massif du Zerhoun, jouit d'un paysage exceptionnel. Idriss Ier, fondateur de la première dynastie musulmane du Maroc, créa cette ville en 788 et en fit sa capitale. La zaouïa et le tombeau se trouvent entre les éperons rocheux de la ville haute et de la ville basse.

L'ensemble religieux est important autour de la kouba : plusieurs cours, des écoles coraniques et la mosquée du Vendredi. De nombreux pèlerins fréquentent la zaouïa toute l'année.

Les ruelles et les escaliers qui mènent au quartier Khiber passent devant la mosquée au minaret moderne cylindrique et la mosquée Abd Allah el Hajjaa. De la terrasse supérieure, le panorama sur les toits et les monuments religieux est splendide.

VOLUBILIS

Le site romain le plus important du Maroc est situé dans un très beau cadre de campagne spécifiquement agricole, dont les couleurs variées changent à chaque saison.
40 ans av. J.-C., une grosse garnison romaine y stationnait pour combattre les révoltes berbères. L'apogée se situe aux IIe et IIIe siècles ap. J.-C., avec un commerce fructueux (huile d'olive, exportation de léopards et de lions) ; le déclin commence à la fin du IIIe siècle. Parmi les monuments les plus intéressants et représentatifs, citons : la basilique avec ses cinq nefs qui servait de palais de justice, l'arc de triomphe élevé en 217 par Marc-Aurèle Sébastène et des parterres de mosaïque dans les maisons : d'Orphée, du cortège de Vénus, des travaux d'Hercule ou de Bacchus.

Volubilis

142

SIDI KACEM

La région qui s'étend au nord de Meknès jusqu'à Souk el Arba du Rharb est essentiellement agricole. Les habitations couleur terre, ainsi que la couverture des silos de fourrage, s'intègrent parfaitement au paysage.
Les ruines de Banasa, au bord de l'oued Sebou, sont au centre de la plaine du Rharb. Un comptoir maurétanien y existait trois siècles av. J.-C. ; la colonie romaine s'y établit du Ier au IIIe siècle ap. J.-C. Quelques vestiges sont visibles : les fondations du capitole, des thermes et de plusieurs maisons avec de beaux revêtements en mosaïque.
Avant d'atteindre Fès et de franchir le col du Zeggota (406 m), on passe à Sidi Kacem, autrefois Petitjean. C'est un centre commercial important qui possède un petit gisement de pétrole.

Fès

FÈS

Plateaux et Plaines

Fès, la plus ancienne des villes impériales, jadis centre politique et religieux, capitale du Maroc jusqu'en 1912, s'étale le long de l'oued Fès dans un merveilleux paysage de collines, au pied des tombeaux des Mérinides. C'est toujours un important centre religieux, artistique et culturel. Idriss Ier a créé en 789 la première ville berbère ; son fils Idriss II l'agrandit (Palais Royal, mosquée). En 817, les premiers réfugiés musulmans d'Espagne fondent le quartier des Andalous, puis les Arabes de Tunisie arrivent et s'installent au quartier des Kairouanais. Au XIe siècle, les Almoravides, aux XIIe et XIIIe les Almohades contribuent au développement et l'apogée est atteint au XIVe avec les Mérinides qui augmentent sans cesse le patrimoine par de nombreuses constructions : mosquées, médersas, fondouqs...

Fès el Bali, médina ancienne, est constitué des quartiers El Qaraouiyine et El Andalous séparés par l'oued Fès. Ils sont chacun divisés en une vingtaine de petits quartiers possédant sa mosquée, son école coranique, son hammam, son marché et son four où chaque famille vient faire cuire son pain.
De Bab Bou Jeloud à l'ouest de la médina et dans sa partie la plus haute, deux ruelles principales descendent jusqu'au centre, à la mosquée Qaraouiyine.

Les artisans, groupés comme au moyen-âge en corporations (Hiraf), sont nombreux et parmi les plus importants il faut citer les babouchiers, les maroquiniers, les cordonniers, les tisserands, les chaudronniers, les teinturiers et les menuisiers. Chaque métier est installé dans un souk qui lui est propre. De même, les petits marchés spécialisés occupent des placettes : le souk au henné est situé sur une place autour de vieux arbres et d'une fontaine, le souk aux épices, la kissaria aux boutiques où l'on trouve des soieries, des caftans, des cotonnades et aussi des bijoux. Dans chaque échoppe de la place Es Seffarine, les dinandiers martellent le cuivre pour façonner chaudrons, bassines, plateaux... Le bruit du métal frappé retentit avec rythme tout le long de la journée.

Fès

Les tanneurs sont implantés près de l'oued Fès, car le traitement des peaux nécessite une grande quantité d'eau. Elles séjournent d'abord dans des bassins de chaux pour retirer tous les poils, puis sont rincées, immergées pendant plusieurs jours dans un mélange tannique, passées dans des bains d'huile pour les assouplir, enfin dans des bains de teintures. Des terrasses environnantes c'est un spectacle unique qui s'offre à la vue.
Le long de l'oued, il reste aussi quelques teinturiers qui plongent les écheveaux de laine ou de coton dans des chaudrons où fument les teintures aux couleurs souvent très vives.

Plateaux et Plaines

Fès

La place Nejjarine, non loin de la mosquée Qaraouiyine, ne manque pas de charme, avec la fontaine du même nom revêtue de zelliges et protégée par un auvent en bois couvert de tuiles vertes, un fondouq datant de la fin du XVIIe siècle avec une porte monumentale entourée de stuc ciselé et surmontée d'une corniche en bois qui en font sans doute la plus belle de la médina. Quelques boutiques d'antiquaires et le souk des menuisiers complètent l'ensemble de cette place.

152

Le quartier des potiers, installé à l'est de Fès sur la route de Taza, est reconnaissable aux fumées noires qui s'échappent des fours de cuisson.
Plusieurs sortes de poteries sont réalisées : tuiles vernissées, carreaux de faïence découpés puis assemblés pour composer des panneaux décoratifs. Cette spécialité des artistes fassis est caractérisée par les motifs géométriques ou floraux des vases, plats ou objets divers d'un bleu profond sur fond blanc.

Fès possède de nombreuses demeures privées cachées derrière des façades aveugles. Les pièces sont réparties autour d'un patio central éclairé par une verrière. Les portes de bois peint, les encadrements des ouvertures sont richement décorés.

Le fondouq de la place Nejjarine vient d'être superbement restauré grâce à l'aide de l'UNESCO.
Des grossistes y entreposaient les marchandises importées qui étaient destinées à la revente aux petits commerçants des souks.
Au rez-de-chaussée, un portique aux poteaux décorés de stuc ciselé entoure la cour intérieure. Il supporte deux étages de galeries protégées par des balustrades en bois fermées par des moucharabiehs. La galerie dessert les pièces réservées au stockage.

La Qaraouiyine, Grande Mosquée de dont les dimensions actuelles date règne des Almoravides, était le plus édifice religieux d'Afrique du Nord. peut accueillir près de vingt mille fidè C'est aussi la plus ancienne école s rieure musulmane avec celle d'Al Azh Caire. Par l'une des portes, on peut a cevoir la cour intérieure avec sa fon aux ablutions et ses deux kios (époque saadienne) et quelques-des nefs de la salle de prière.

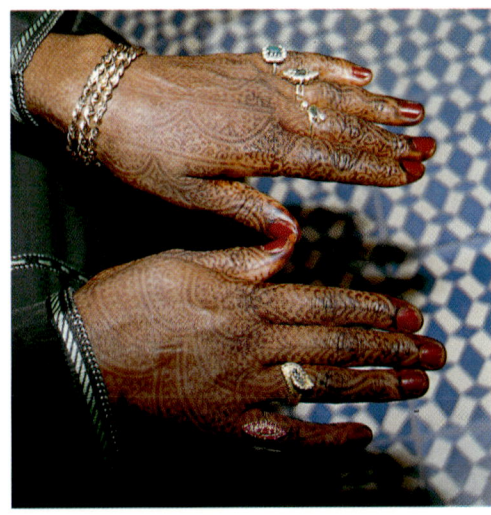

Plateaux et Plaines

Quelques riches demeures peuvent être visitées. Dar Batha (moitié du XIXe siècle), autrefois palais du vizir, est transformé en musée pour présenter des collections d'art marocain.
Dar Mnebhi, ancienne maison bourgeoise, résidence du maréchal Lyautey, est devenu un restaurant.
Dar Saada et le palais de Fès sont également des restaurants. Leur cadre est somptueux ; de nombreuses pièces entourent le patio ; des terrasses, la vue sur la médina est imprenable.

La médersa Bou Inania, située au début de la Talaa Kebira à côté de Bab Bou Jeloud, est la dernière construite par le sultan Bou Inan entre 1350 et 1357. Elle est considérée comme la plus belle de Fès. La salle de prière, face à l'entrée, occupe un côté de la cour carrée. Deux salles d'étude et un couloir menant à quelques cellules d'étudiants débouchent sur les deux autres côtés.

Aucune façade n'a de vue directe sur les ruelles environnantes. Un porche chevauche la Talaa Kebira et marque l'entrée de la médersa. Sur la gauche, un petit vestibule permet aux fidèles pieds nus de se laver avant d'y pénétrer. Une porte en bronze ouvre sur le vestibule central d'une grande richesse dans la décoration : zelliges, stucs très fins à décor floral, plafond en bois sculpté peint, stalactites. Quelques marches bordées d'onyx conduisent à la cour.

Plateaux et Plaines

 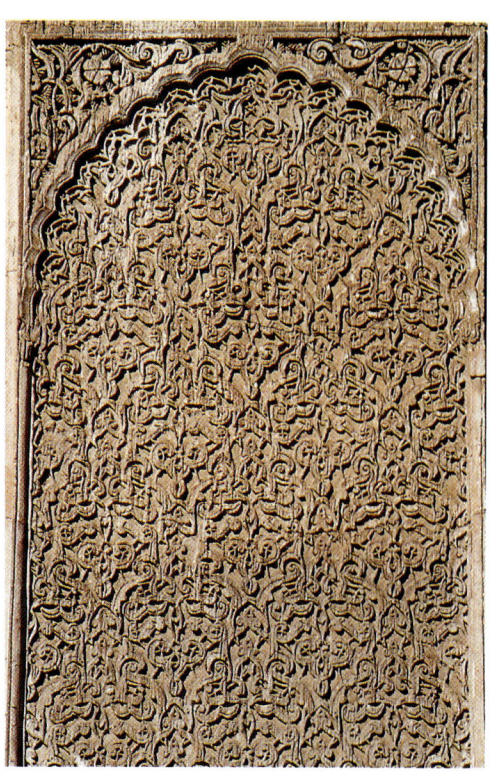 

Tout le savoir-faire est déployé pour atteindre une décoration remarquable : zelliges aux fins motifs géométriques sur les soubassements, stucs ciselés représentant des versets du Coran ou des motifs floraux, carreaux noirs excisés redonnant au fond la couleur de la terre d'origine, le bois de cèdre découpé en stalactites. Il existe toujours des artistes qui savent entretenir ces chefs-d'œuvre.

Plateaux et Plaines

La conception graphique semble réalisée sur trois échelles : les grandes surfaces et les volumes (par exemple l'arc porté par la colonne et son chapiteau entourant un vide), à une échelle moindre le bas-relief constitué par un grand arc rempli d'autres dessins formant de nouveaux arcs.
Ceux-ci sont agrémentés par une nouvelle composition et d'autres motifs : des entrelacs, des représentations florales et parfois, pour renforcer, de fausses trompes en stalactites.

La médersa Es Sahrij, construite par le prince mérinide Abou el Hassan en 1321 dans le quartier des Andalous qui s'étend sur les pentes de l'autre rive de l'oued Fès, est appelée « collège du bassin », sa cour étant occupée par une grande pièce d'eau. Son plan est traditionnel avec la salle de prière opposée à l'entrée, sur les côtés les couloirs qui desservent les cellules des étudiants.

Le décor, très riche, est réalisé avec les mêmes matériaux : zelliges en partie basse, stuc ciselé et bois de cèdre. Les portiques des bas-côtés ont des poteaux qui englobent l'étage supérieur. Des corbeaux et des poutres en bois finement travaillé soutiennent les façades d'étage. Chaque travée a son ouverture sur une cellule d'étudiant percée dans un encadrement décoré. La protection est assurée par un garde-corps en bois fermé par des moucharabiehs.

Le mihrab dans l'axe de la salle de prière est en stuc ciselé et sa forme rappelle celui de la mosquée de Cordoue. Les encadrements exécutés sur les côtés de l'entrée de cette salle sont en stuc particulièrement travaillé selon plusieurs modèles de dessin : losanges, arcs polylobés, stalactites et autres formes géométriques.
Aux fenêtres de quelques pièces entièrement rénovées, on peut apercevoir à nouveau de jeunes élèves qui viennent étudier.

Fès possède d'innombrables monuments religieux tels que la zaouïa de Moulay Idriss II, la zaouïa d'Ahmed Tijani dont la façade est entièrement revêtue de beaux zelliges et le minaret agrémenté de faïence bleue...
La mosquée des Andalous, qui domine une petite place très fréquentée, possède une remarquable façade surmontée d'un auvent en bois sculpté ; sa cour est d'une grande simplicité, ornée au centre d'une vasque en marbre servant aux ablutions des fidèles.

Fès

HÔTEL
JNANN FÈS PALACE

La situation géographique de Taza, entre le Rif et le Moyen Atlas, en fait un site stratégique qui lui a toujours permis de contrôler le passage de la plaine de l'Atlantique au Maroc oriental. La tribu des Meknassa, au Xe siècle, construisit la première forteresse. Les sultans des différentes dynasties se sont toujours disputé cette citadelle et les Alaouites s'en emparèrent avant de prendre Fès.
La vieille ville entourée de remparts est implantée sur le plateau et surplombe la ville nouvelle qui s'étend à ses pieds.

Le minaret de la Grande Mosquée, construite en 1135 par Abd el Moumen, domine la médina ; c'est une des plus anciennes mosquées du Maroc avec celle de Tinmel dans le Haut Atlas.

TAZA

Plateaux et plaines

Les remparts autour de la vieille ville sont en grande partie du XIIe siècle, époque almohade.
A l'intérieur, les rues sont larges avec quelques passages voûtés. Un axe central conduit de la Grande Mosquée à celle des Andalous dont le minaret date du XIIe siècle.
De Bab er Rih, la vue est splendide sur les jardins, la ville nouvelle et la chaîne du Rif.

Oujda

OUJDA

Plateaux et plaines

Ziili Ibn Attia, de la tribu berbère des Zénètes, fonda Oujda en 1206. La ville fut convoitée et occupée, en raison de sa situation géographique, par des seigneurs soit algériens soit marocains.
L'activité est très forte à l'entrée de la médina devant Bab Sidi Abd el Ouahab, construite au XIIIe siècle et qui servait jadis aux sultans pour exposer les têtes des criminels. La kissaria est importante : vente de tissus, vêtements, articles en cuir et tapis. La place El Attarine, avec quelques vieux arbres et son marabout, est le carrefour des ruelles de la médina. Elles conduisent à la Grande Mosquée qui a été fondée au XIVe siècle par les Mérinides.

Marrakech

En 1070, Abou Bakr, Berbère saharien, franchit l'Atlas et installe son camp dans la plaine du Haouz. Alors qu'Abou Bakr est parti pendant trois ans pour réprimer une révolte, son lieutenant et cousin Youssef Ben Tachfine s'y établit et, en un accord, conserve la place. De Marrakech, devenue capitale, part une conquête extraordinaire puisque, quarante ans après, un empire almoravide s'étend de l'Espagne au Drâa, faisant sentir son influence jusqu'au Sénégal. Les Almohades prennent la ville en 1147 et l'embellissent de magnifiques monuments (mosquée de la Koutoubia avec son minaret...). Les Mérinides ayant choisi Fès comme capitale, la ville décline ; elle connaît un nouvel essor au XVIe siècle avec les Saadiens. A nouveau délaissée, elle s'est enrichie au XIXe siècle des palais du sultan Moulay Hassan et de son fils.

MARRAKECH

Plateaux et plaines

Marrakech

Plateaux et plaines

Marrakech, la belle oasis de la plaine du Haouz, s'étend au pied de la chaîne du Haut Atlas. Ses remparts en pisé ont été construits autour de la médina par l'Almoravide Ben Youssef (1126), puis agrandis par les Almohades. A l'époque des Saadiens, ils atteignent douze kilomètres de long.
Cette enceinte est entourée de vastes étendues de verdure : la grande palmeraie longée par l'oued Tensift, les jardins de l'Agdal plantés d'arbres fruitiers et d'oliviers, les jardins de la Ménara, limités également par de hauts murs en pisé. Un charmant pavillon recouvert de tuiles vertes vernissées, y fut construit par les Saadiens. Il se reflète dans les eaux calmes et poissonneuses d'un vaste bassin aménagé pour l'irrigation du verger.

Marrakech

C'est par un dédale de ruelles que l'on atteint la médersa Ben Youssef dans la partie nord de la médina. C'est le plus beau monument de Marrakech et la médersa la plus importante du Maroc. Elle fut fondée au XIVe siècle par le sultan mérinide Abou el Hassan. La construction actuelle, datant de 1564, est l'œuvre du sultan saadien Moulay Abdallah. Un vestibule conduit à la grande cour de marbre blanc ornée d'un bassin rectangulaire. Au fond de la cour, on accède à la salle de prière par une large ouverture. Cette salle a trois travées séparées par des colonnes à chapiteaux de marbre. Le mihrab est remarquablement décoré de stuc ciselé. Deux rangées de portiques latéraux protègent les couloirs qui desservent sept cours (accès des cellules).

Deux volées d'escaliers conduisent aux couloirs de l'étage et aux petites cours au-dessus du rez-de-chaussée. Sept cellules d'étudiants ouvrent sur chaque cour éclairée par un puits de jour. Certaines ont cependant le privilège de donner directement sur la cour principale par des baies décorées et fermées par des balustrades en moucharabiehs. Plusieurs ont vue sur l'extérieur de la médina, ce qui est exceptionnel au Maroc, les façades des bâtiments étant généralement aveugles.

Plateaux et plaines

Marrakech

Les tombeaux saadiens ont été découverts en 1917 à la suite d'une analyse de photos aériennes.
Moulay Ismaïl, en 1677, a voulu détruire les marques de la dynastie saadienne et, sans doute par respect des morts, il conserva la nécropole mais fit murer la seule issue qui débouchait à la mosquée de la Kasbah.
Le sultan saadien Ahmed el Mansour fit réaliser cet ensemble à partir de 1590 ; environ soixante-dix sépultures de membres de sa famille et de ses successeurs sont réparties à l'intérieur ou dans le jardin.
Le tombeau d'Ahmed el Mansour, entouré de ceux de son fils et de son petit-fils, est placé dans la salle principale au centre d'une composition architecturale somptueuse réalisée sous une coupole richement décorée, soutenue par douze colonnes en marbre de Carrare.
L'ensemble fait imaginer la richesse des palais de cette époque et la finesse d'exécution de l'art hispano-mauresque.
La porte Bab Agnaou, édifiée en 1150, témoigne quant à elle de la splendeur des Almohades.

Plateaux et plaines

179

Marrakech

La place Jemaa el Fna, passage naturel pour aller aux souks, est le centre des activités de la vieille ville. Elle est très animée par les badauds qui viennent y flâner à longueur de journée. Le spectacle est permanent, mais c'est en soirée que la vie est encore la plus intense. Les souks sont parmi les plus intéressants du Maroc. Une foule disparate les fréquente : marchands, citadins, montagnards de l'Atlas, touristes... Chaque souk a son activité : ce sont les artisans qui travaillent (teinturiers, tanneurs, chaudronniers), ou bien les échoppes (babouches, bijoux, tapis, cuivres) ou encore les marchands de légumes et d'épices. Comme la médina de Fès, elle est divisée en petits quartiers qui possèdent chacun une mosquée, un four public, une fontaine et l'école coranique.

Plateaux et plaines

Marrakech

Le Hollandais Bert Flint a transformé son riad (appelé maison Tiskiwin) en musée ; il est situé à proximité du palais de la Bahia. Les objets sont présentés dans les pièces réparties autour d'un agréable patio ; ils ont été rassemblés par Bert Flint lui-même pendant de nombreuses années dans tout le Maroc, et notamment dans le Rif et les villages des montagnes de l'Atlas.
C'est une collection d'objets en bois (portes, coffres), de tapis, tissages, poteries et de grilles en fer forgé.

182

Plateaux et plaines

Ba Ahmed, grand vizir du sultan Moulay Hassan et de son fils Moulay Abdelaziz, a fait construire le palais de la Bahia à la fin du XIXe siècle. Le plan n'a pas été conçu pour réaliser un édifice unique ; c'est une suite d'appartements somptueux qui entourent de magnifiques patios agrémentés d'une végétation luxuriante. La salle du conseil en particulier est remarquable. Son plafond en bois peint est splendide. La décoration de cet ensemble est très riche et donne une idée de l'art de cette époque.

Marrakech

La grande cour dallée de la Bahia, de cinquante mètres sur trente, est ornée de trois fontaines à vasques. Elle est entourée d'une élégante galerie aux fines colonnes cannelées et peintes et couverte d'un plafond en bois de cèdre du Moyen Atlas, peint et enluminé.

La ville moderne, appelée Guéliz, a été construite en 1916 en dehors des remparts entourant la médina. L'artère principale, l'avenue Mohammed V, part de la Koutoubia pour traverser le centre de cette ville nouvelle. Sur cet axe et dans les rues avoisinantes se trouvent de nombreux commerces de luxe, des magasins d'objets d'art, des librairies, le marché couvert offrant une profusion de fruits, légumes et fleurs, la Grande Poste, les banques, les agences de voyage, un grand nombre de cafés avec terrasses, de restaurants, d'hôtels de toutes catégories, ainsi que l'Office du Tourisme. Un ensemble d'hôtels luxueux a été construit récemment autour du Palais des Congrès, le long de l'avenue de France.

A proximité du centre du Guéliz, l'atelier du peintre Jacques Majorelle fut, après restauration, offert par Yves Saint Laurent à la municipalité de Marrakech et aménagé en un musée d'art islamique. Il est entouré d'un splendide jardin aux multiples plantes : cyprès, bananiers, citronniers, cactus, agaves, palmiers…

Plateaux et plaines

185

HÔTEL LA MAMOUNIA

Plateaux et plaines

Marrakech

HÔTEL PALMERAIE GOLF PALACE

Boulâouane

190

BOULÂOUANE

La kasbah de Boulâouane, implantée comme un château fort sur un promontoire, domine une boucle de l'oued Oum er Rbia. Les remparts, flanqués de sept bastions, entourent les ruines de l'ancienne demeure de Moulay Ismaïl qui la fit construire vers 1710 pour lui permettre de maintenir le pays en respect. Il n'en subsiste que la monumentale porte d'entrée, la mosquée et son minaret, et un marabout. Ce site est remarquable par la beauté de son paysage et ses vignobles, qui produisent un excellent vin gris, sont réputés.

LA RÉGION DE CHICHAOUA

La plaine de la Rehamna, qui s'étend au sud-ouest de l'oued Oum er Rbia, est une steppe peu cultivée ; celle de la Bahira, au nord de Chichaoua, était d'après Léon l'Africain une région de lacs et de forêts. La terre d'un rouge ocre foncé sert à la construction et les groupes de maisons se fondent totalement dans le paysage. Les habitants exploitent les roseaux des surfaces marécageuses qui, une fois séchés, servent à la fabrication des plafonds et des terrasses.

C'est un pays d'élevage : moutons, chèvres. Dans cet immense territoire, les nomades Rehamna et Chiadma (pays au N.E. d'Essaouira) tissent les tapis appelés « Chichaoua » suivant les traditions issues des Arabes venus du Sahara au XVIIe siècle. Ces tapis sont caractérisés par leur couleur variant du rouge foncé au rose.

LE SOUS - TAROUDANT

Plateaux et plaines

La plaine du Sous, qui s'étale sur 200 km vers l'ouest, entourée par les montagnes du Haut Atlas et de l'Anti-Atlas, est une des régions les plus fertiles du Maroc. Elle est très arrosée, ce qui permet de l'irriguer toute l'année et d'exploiter des cultures maraîchères et des plantations d'oliviers et d'orangers.

Sa capitale Taroudant eut son essor avec les Saadiens en 1520. Elle devint prospère avec le commerce de l'or et des esclaves venant de Tombouctou, grâce à sa situation de centre caravanier. Des remparts en pisé ocre, dont une partie est saadienne, entourent la ville sur 8 km. A l'intérieur de ces murailles, les souks très animés sont réputés pour les bijoux en argent, les armes et les cuivres.

BENI-MELLAL

La plaine fertile du Tadla s'étend au sud du Moyen Atlas jusqu'à Beni-Mellal. Le barrage de Bin el-Ouidane, qui a été construit dans les montagnes voisines, permet pendant toute l'année l'irrigation des immenses plantations d'orangers. On rapporte que ce sont les meilleures oranges du Maroc.
De nombreuses sources aux abords de la ville de Beni-Mellal favorisent les plantations d'oliviers, abricotiers, figuiers, grenadiers et pêchers.
Au nord-ouest, le long de l'oued Oum er Rbia, s'étale la grande plaine céréalière du Tadla.
Lorsque l'on descend par la petite route de montagne qui vient du village d'Azilal, le panorama sur cette étendue à perte de vue est splendide.

KASBA TADLA

S Moulay Ismaïl fit construire en 1687 cette forteresse pour lui permettre de contrôler les tribus berbères de cette région.
Cette importante citadelle surplombe un large méandre de l'oued Oum er Rbia.

L a kasbah est entourée de deux enceintes séparées défendues par plusieurs bastions. Elle abritait le palais du gouverneur impérial et sa garnison, les silos pour les réserves, ainsi que deux mosquées dont on peut encore admirer les élégants minarets.
Le pont à dix arches qui traverse l'oued a été construit également par Moulay Ismaïl en 1700. De cet emplacement, on jouit d'une très belle vue sur l'ensemble de la kasbah qui domine l'oued.

Plateaux et plaines

Settat

SETTAT

Plateaux et plaines

Settat est situé à 60 kilomètres au sud de Casablanca, au centre de la plaine de la Chaouïa entre les oueds Bou Regreg et Oum er Rbia, à l'ouest du plateau des phosphates.
Au XVIIe siècle, Moulay Ismaïl fit construire une kasbah pour lui permettre de faire halte lors de ses voyages dans le Sud. Cette construction est maintenant englobée dans un ensemble d'immeubles volontairement modernes.
L'Hôtel de Ville, entouré d'un grand parc, fait face à une vaste place et à une large avenue bordée par la kasbah, la Grande Mosquée et des bâtiments administratifs et commerciaux.

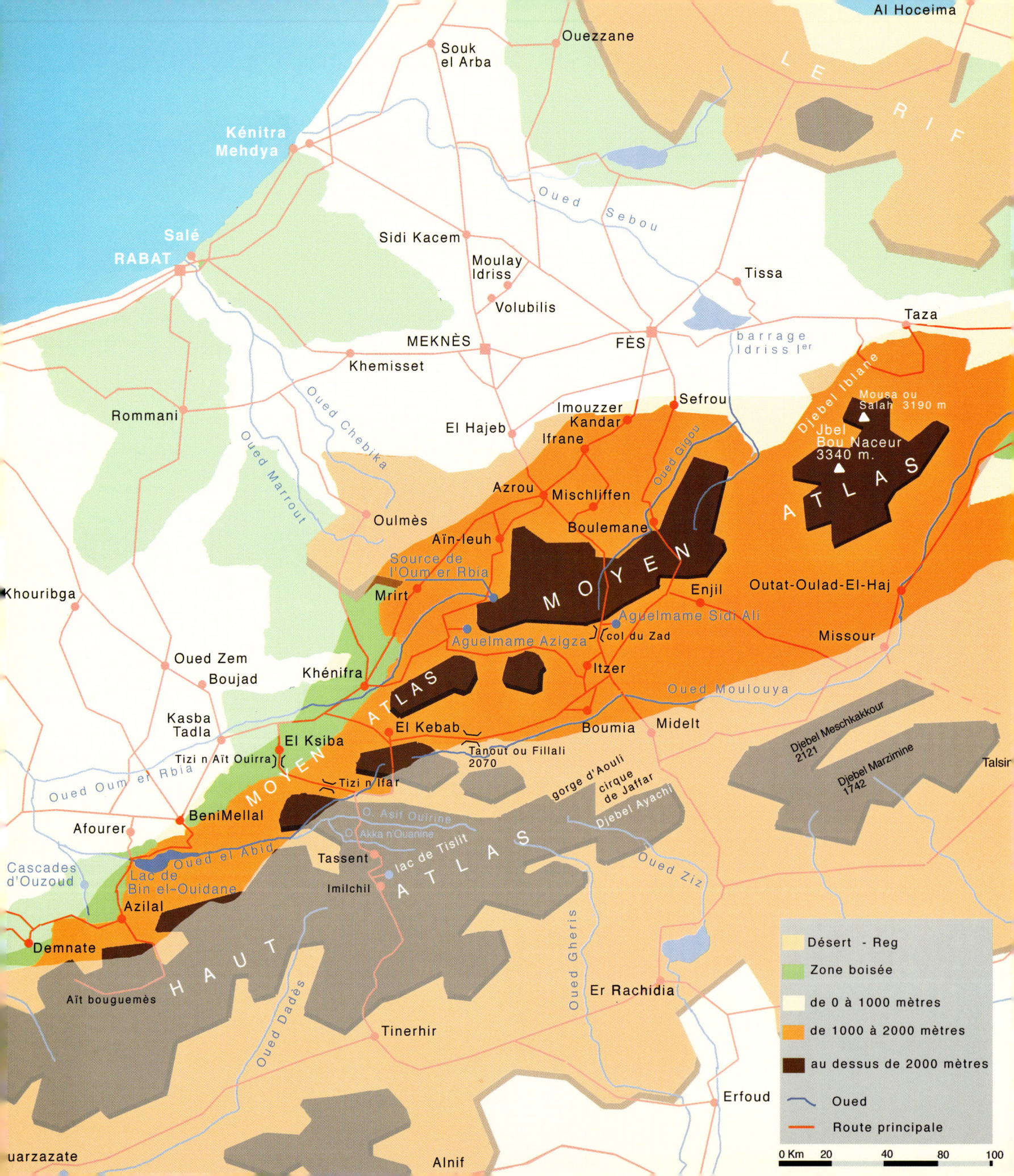

LE MOYEN ATLAS

Le Moyen Atlas se présente sous la forme d'une chaîne longue de plus de 400 kilomètres orientée sud-ouest-nord-est qui sépare le Maroc atlantique des plateaux steppiques du Maroc oriental.
A l'ouest la plaine du Tadla et à l'est la plaine de la Moulouya viennent buter contre les reliefs vigoureux qui les dominent.
Comme le Jura en France avec lequel il présente une certaine similitude, il comprend une forte zone plissée avec des altitudes dépassant 3 000 m (jebel Bou Naceur 3 340 m, Mousa Bou Salah 3 190 m dans le jebel Bou Iblane) et une zone tabulaire séparée par le sillon du Gigou dominant la plaine du Saïs à l'ouest (région de Meknès et Fès). Des cassures se sont produites et ont créé des épanchements volcaniques dans la région d'Azrou.
La séparation entre les deux chaînes du Haut Atlas et du Moyen Atlas se situe aux environs du village d'Azilal, créée par le sillon occupé à l'ouest par l'oued el Abid et à l'est par l'oued Moulouya. Les sources de ces deux oueds sont distantes de quelques kilomètres seulement dans les environs du village d'El Kebab. Ce point est la limite du partage des eaux entre les bassins atlantique et méditerranéen.
La circulation a longtemps été gênée par la masse du Moyen Atlas plutôt que par son altitude. Des passages naturels ont été trouvés sur les plateaux débarrassés de leur couverture forestière par les pasteurs et dans les vallées longitudinales et les cluses.
La faible altitude et les distances peu importantes entre le Tadla et la vallée de la Moulouya facilitent aussi la traversée. La partie orientale entre Midelt, Guercif et Sefrou, où les altitudes sont les plus fortes, n'est accessible que par des pistes.
Le versant atlantique, recouvert de forêts de chênes-lièges et de cèdres alternant avec de nombreuses clairières favorables aux pâturages, est très verdoyant.
Entre 1 000 et 2 000 mètres, la neige forme un tapis continu pendant quelques jours ou quelques semaines. A partir de décembre et parfois pendant plusieurs mois, elle s'installe au-dessus de 2 000 mètres.
Le versant oriental, moins arrosé, présente déjà un aspect saharien.
Cette montagne peu habitée est le fief de tribus berbères qui étaient à l'origine un peuple de nomades.
Les Beni Mguild sont encore semi-nomades, mais parmi eux beaucoup se sont sédentarisés et habitent des villes comme Azrou. L'été, une partie de la tribu monte dans les pâturages et ne se déplace guère. Avant l'hiver, elle redescend dans les vallées. Les villages sont rares, les semi-nomades vivent dans les khaïmas (tentes en poil de chèvre) ou dans des douars.
Cette montagne permet aux citadins de Fès ou de Meknès, et même de Casablanca, de venir l'été chercher un peu de fraîcheur. Ifrane est un centre de villégiature très fréquenté.
Cette région est également appréciée l'hiver avec les possibilités offertes pour pratiquer le ski (Mischliffen).

IFRANE

ITO - MISCHLIFFEN

Le Moyen Atlas

Site d'Ito

Mischliffen

Les paysages des environs d'Ifrane sont surprenants et différents de ceux rencontrés habituellement au Maroc. C'est un espace de verdure, de fraîcheur avec des petits lacs, des torrents, des forêts de cèdres et de chênes verts à 1 500 m d'altitude. Non loin de là, la station de ski de Mischliffen est située dans la cuvette d'un ancien volcan. Le plateau tout bosselé est le domaine des pâturages et la succession de petits cônes volcaniques est recouverte de cèdres. Après le village d'Azrou en direction d'El Hajeb, on découvre le panorama d'Ito, véritable paysage lunaire (surtout l'été), avec son chaos de mamelons, anciens volcans éteints.

COL DU ZAD

La voie de communication pour se rendre dans le sud depuis Meknès ou Fès traverse perpendiculairement le Moyen Atlas jusqu'à Midelt, puis le Haut Atlas et, après être descendue dans la vallée et les gorges de l'oued Ziz, elle atteint Er Rachidia.
Après Azrou, on monte sans interruption à travers une belle forêt de cèdres centenaires pour arriver sur de nombreux plateaux rocheux jonchés de petits lacs et de cratères éteints, au milieu de belles cédraies.
La ligne de partage des eaux qui vont soit vers l'Atlantique (bassin de l'oued Sebou), soit vers la Méditerranée (bassin de l'oued Moulouya) se situe au col du Zad à 2 178 m d'altitude. C'est le col le plus élevé du Moyen Atlas.

AGUELMAME SIDI ALI

Le Moyen Atlas

L'Aguelmame de Sidi Ali, entourée par une chaîne de petits massifs rocailleux, se trouve à quelques kilomètres du col du Zad. Cet ancien cratère de lave qui se remplit d'eau en hiver est le plus grand lac de montagne du Maroc. Très profond et poissonneux, c'est un endroit rêvé pour les pêcheurs.
En hiver, ce n'est qu'un univers inhabité de neige et de glace, mais au printemps il devient un paradis de fleurs et de verdure qui attire différentes espèces d'oiseaux, notamment des cigognes.
L'été, les nomades de la tribu des Beni Mguild viennent dans les parages y faire paître leurs troupeaux de chèvres noires et de moutons parfois de couleur brune.

Nomades

Les habitants des montagnes du Moyen Atlas sont pour la plupart des semi-nomades. Ils vivent l'été en altitude dans les clairières des forêts « Azzaba » et descendent l'hiver dans les pâturages des plaines « Azarhar ». La tente berbère, appelée « khaïma », est leur unique habitation en montagne. Elle est faite de bandes tissées brunes ou noires en poil de chèvre, cousues entre elles et posées sur un bois horizontal soutenu par deux poteaux en bois. Des piquets plantés au sol servent à tendre l'ensemble, qui ne repose pas sur le sol pour laisser passer l'air l'été. L'hiver, le vide est rempli d'épineux et de terre. Le pourtour du campement est également clos par des épineux. Le sol est couvert de nattes, de tapis ou d'épaisses couvertures. Il n'y a pas de mobilier.

NOMADES

Le Moyen Atlas

Vers Midelt

La région de Midelt, située presque au centre du Maroc, est une vaste cuvette entre le Moyen et le Haut Atlas à 1 500 mètres d'altitude. Le jebel Ayachi (3 737 mètres) garde sa longue muraille enneigée l'hiver pendant plusieurs mois.
Les montagnes environnantes permettent de belles excursions dans des paysages variés et somptueux : cirque de Jaffar, gorges d'Aouli.
L'atelier de tissage des sœurs franciscaines, installé à la kasbah Myriem à la sortie de Midelt, est réputé pour le travail qu'elles font réaliser à des femmes berbères : tapis, tentures, couvertures et broderies.

VERS MIDELT

Le Moyen Atlas

El Kebab-Boumia

On peut également traverser le Moyen Atlas entre Khenifra et Midelt en passant par le col Tanout ou Fillali à 2 072 mètres. Cette route peu fréquentée, hors des sentiers battus, est difficilement praticable en hiver mais présente des points de vue remarquables sur le Haut Atlas enneigé et en particulier sur le jebel Ayachi.

Le village d'El Kebab, étagé le long de la montagne, aux ruelles en pente, est réputé pour ses tissages et ses poteries. La végétation, abondante sur le versant nord (prairies, forêts de cèdres), devient de plus en plus aride après avoir franchi le col.

Ce n'est qu'en descendant vers Boumia que l'on retrouve des terres cultivées et un habitat clairsemé.

EL KEBAB - BOUMIA

Le Moyen Atlas

AGUELMAME AZIGZA

Ce petit lac de cratère aux eaux bleues transparentes et poissonneuses est serti dans un écrin de verdure (chênes verts, cèdres).
Un peu à l'écart de la route qui mène aux sources de l'oued Oum er Rbia, il est perdu dans la forêt qui est dense sur ce versant nord du Moyen Atlas. Ces bois sont parsemés de clairières où l'herbe est bien verte et grasse après la fonte des neiges au printemps. Les nomades y viennent avec leurs troupeaux.

OUM ER RBIA

L'Oum er Rbia, le fleuve le plus long du Maroc, prend sa source sur le versant nord du Moyen Atlas entre Azrou et Khenifra et se jette dans l'océan Atlantique à côté d'Azemmour après un parcours de 600 kilomètres.
L'eau jaillit toute l'année des falaises calcaires et poursuit son cours dans une gorge étroite par des cascades successives.
Ses eaux grossissent rapidement après l'arrivée de son premier affluent, l'oued Fellah.
Il est possible d'aller à pied à travers les rochers jusqu'à la source pour admirer le jaillissement de l'eau.

Le Moyen Atlas

El Ksiba - Plateau des Lacs

EL KSIBA - PLATEAU DES LACS

La route qui part d'El Ksiba, non loin de Khenifra, permet aussi de franchir le Moyen Atlas. C'est par une piste longue et difficile que l'on atteint le Plateau des Lacs. La végétation sur ce parcours change petit à petit en s'approchant du Haut Atlas, ce qui donne des paysages variés et superbes. La vallée d'El Ksiba est plantée d'arbres fruitiers ; après avoir passé plusieurs cols : Tizi-n-Aït Ouirra et Tizi-n-Ifar (1 900 m), la forêt de chênes verts fait place à des arbustes rabougris. La piste sinueuse monte peu à peu en suivant le lit de l'oued Akka-n-Ouanine dans une région peu habitée. Après l'oasis de Tassent, le chemin escalade la montagne pour atteindre le Plateau des Lacs, zone aride et désolée. Une légende est attachée au lac de Tislit : on dit qu'il fut rempli par les larmes de fiancés dont l'union était interdite, car de tribus différentes.

Bin el-Ouidane

BIN EL-OUIDANE

Le Moyen Atlas

Le barrage de Bin el-Ouidane, construit entre 1948 et 1955 sur l'oued el Abid, est le plus grand du Maroc (285 mètres de long et 133 mètres de haut).
Sa retenue de 3 735 hectares (l'équivalent du lac d'Annecy en France) permet d'irriguer 100 000 hectares de la plaine du Tadla où sont pratiquées les cultures du blé et du coton.
Les diverses plantations autour de ce grand lac, les pentes douces aménagées, les divers petits îlots et presqu'îles, les jolis villages dominés par leur minaret font de ce lieu un site enchanteur qui a engendré une infrastructure touristique.
Les routes d'accès de Beni-Mellal ou d'Azilal offrent de bien beaux points de vue.

Cascades d'Ouzoud

L'oued Ouzoud franchit une chute de 100 m puis se jette dans le canyon de l'oued el Abid. Ce site, qui est l'un des plus beaux du Maroc, est enchanteur avec sa végétation luxuriante. Le bruit des cascades, les arcs-en-ciel créés par les brumes s'échappant de la gorge et les multiples traînées blanches le long des roches donnent un spectacle féerique continu. Des petits sentiers et des escaliers descendent le long de la falaise et permettent d'admirer sous différents angles les eaux laiteuses et bouillonnantes. Les collines environnantes sont très verdoyantes et contrastent avec le rouge vif de la terre.

CASCADES D'OUZOUD

Le Moyen Atlas

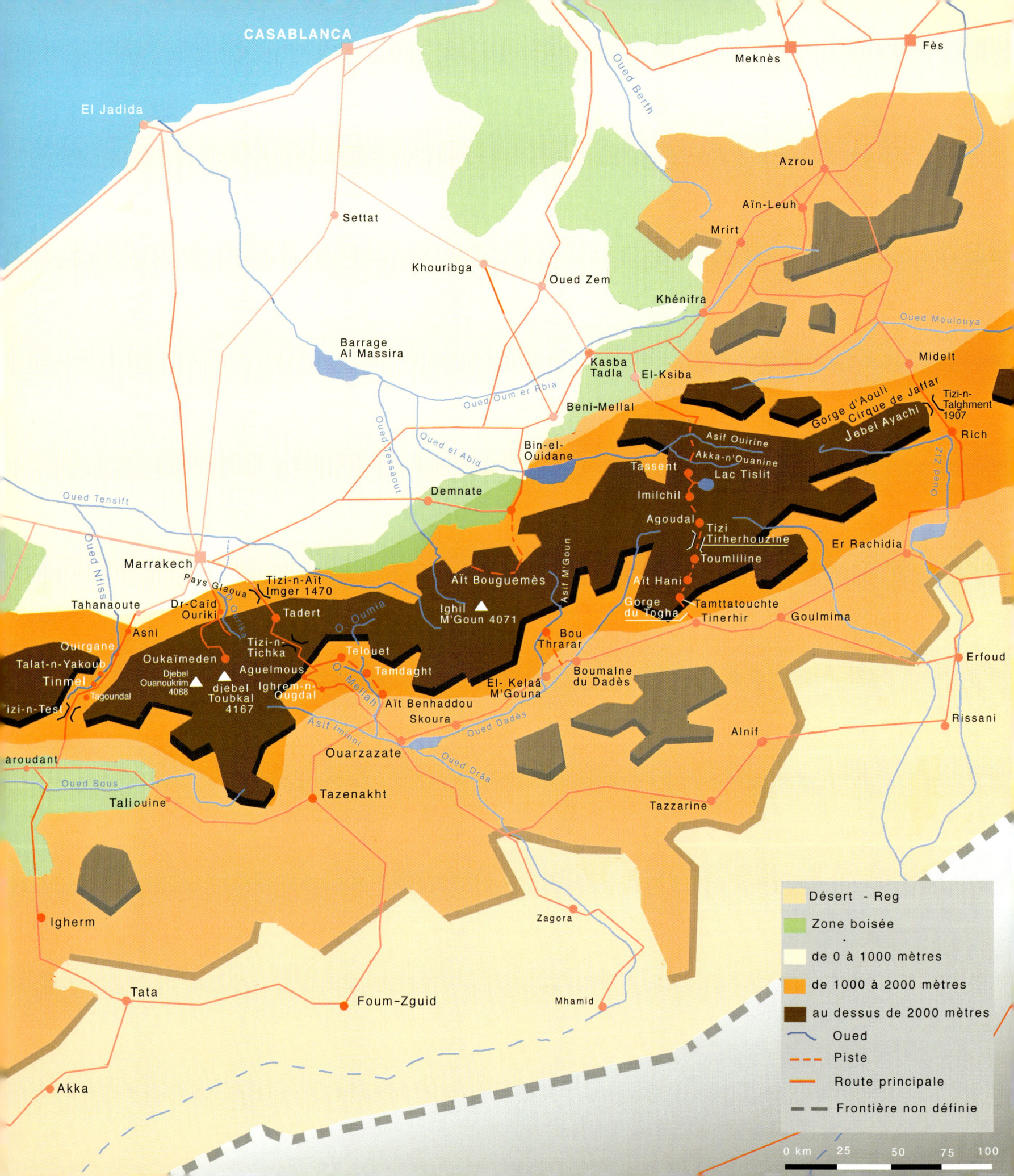

LE HAUT ATLAS

La partie orientale du Haut Atlas vient mourir dans la meseta marocaine de l'est avec le jebel Marzimine et le jebel Meschkakour près du village de Talsinnt. La chaîne se termine au sud-ouest après 700 kilomètres au bord de l'Atlantique au cap Rhir (entre Essaouira et Agadir).

Elle possède plus de quarante sommets dépassant les 3 000 mètres et une dizaine de plus de 4 000 mètres. La partie centrale au sud de Marrakech est la plus élevée, avec le jebel Toubkal (4 167 m), sommet le plus haut de l'Afrique du Nord, le jebel Ouanoukrim (4 088 m) et l'Ighil M'Goun (4 071 m). D'autres massifs importants sont détachés : à l'est le jebel Ayachi (3 737 m) près de Midelt et au sud le jebel Siroua (3 304 m) qui domine les villes de Tazenakht et Taliouine.

Les versants nord-ouest sont bien arrosés et possèdent une végétation abondante tandis que la partie sud est sèche. L'hiver, la neige tombe au-dessus de 2 000 mètres, elle peut être abondante, rester plusieurs semaines, coupant les routes et les pistes et laisser isolés les villages de montagne ; mais, l'été, les plus hauts sommets n'ont ni glace ni neige.

Quatre bonnes routes permettent de traverser le Haut Atlas pour atteindre le sud : depuis Meknès ou Fès, on passe par le Moyen Atlas, la ville de Midelt et le col Tizi-n-Talghemt appelé « col de la chamelle » (1 907 m) pour atteindre la vallée du Ziz vers le Tafilalt ; de Marrakech, pour rejoindre Ouarzazate, on franchit le Tizi-n-Tichka (2 260 m) ou bien, pour Taroudant, on se dirige vers le bassin d'Ouirgane pour remonter la vallée de l'oued Nfiss et passer le Tizi-n-Test (2 092 m) : par Chichaoua et Imi-n-Tanoute on accède à Agadir.

Les Berbères habitent depuis des siècles l'ensemble du Haut Atlas ; les Chleuh occupent toute la partie ouest jusqu'au massif du M'Goun et vivent dans des petits villages parsemés dans les montagnes. Leurs maisons construites en pierres ou en pisé forment un ensemble compact de petits blocs soudés les uns aux autres, étagés sur la pente du terrain avec leurs toitures plates en paliers sur différents niveaux. Les habitants sont sédentaires et cultivent des céréales, des légumes et des fruits sur des terrasses irriguées.

La partie centrale est le fief des Glaoua qui étaient maîtres de toutes les régions du Sud et demeuraient dans des kasbahs.

La région nord-est, peu peuplée, est occupée par les Bérabers, semi-nomades comme dans le Moyen Atlas, qui vivent sous la tente et élèvent des chèvres et des moutons.

Le village d'Imilchil, habité par les Aït Haddidou, est situé aux abords de l'Atlas à plus de 1 000 mètres d'altitude. Il doit sa renommée au moussem de septembre où plusieurs milliers de Berbères se rassemblent près du tombeau du saint Mohammed Mehreni. A cette occasion a lieu la célèbre foire aux fiancés ; les jeunes filles, ou même les femmes divorcées ou veuves, viennent chercher un mari et l'acte est signé sur place. Chaque lundi le souk est important et fort animé.

IMILCHIL

Le Haut Atlas

AGOUDAL

TAKKAT - TIMARIYNE - TOUMLILINE

La piste qui conduit à Tinerhir passe près de nombreux ksour dans une suite de paysages extraordinaires. Elle monte le long de l'oued Asif Melloul et atteint le ksar Takkat n'Sountat à 2 426 m d'altitude ; puis celui d'Agoudal, qui a gardé sa belle allure de village fortifié. Il est habité par les Aït Brahim qui font partie des Aït Haddidou.
Ces ksour présentent une grande unité de couleur et de forme car ils ne sont pas abîmés par l'apport de matériaux nouveaux et de constructions disparates.

AÏT HANI

TIZI TIHERHOUZINE

Le Haut Atlas

La montée s'accentue pour atteindre le Tizi Tiherhouzine à 2 700 m. Le climat saharien se fait déjà sentir après le passage du col, dès que l'on aborde la descente du versant sud du Haut Atlas vers le village de Aït Hani. Ce ksar est dominé par le massif Aït Morrhad qui culmine à 2 921 m. Deux très beaux parcours dans des vallées isolées partent de cet endroit : à l'est vers Imiter pour rejoindre Goulmima, et à l'ouest vers Msemrir et les gorges du Dadès.

TAMTATTOUCHTE

L'oasis de Tamtattouchte est un havre de paix après les paysages arides rencontrés. Grâce à l'eau, le vert des cultures contraste avec les tons ocre des montagnes.

C'est le domaine des Aït Morrhad, qui montent l'été aux pâturages du Plateau des Lacs qu'ils partagent avec les Aït Haddidou, suivant des règles et des accords bien établis afin que chaque tribu puisse faire pacager ses troupeaux en paix toute la saison.

TOGHA

Le Haut Atlas

Le 25 avril 1884, Charles de Foucauld écrivait : « L'oasis Togha se compose uniquement des rives de l'oued. C'est un long ruban dont la largeur varie de 800 à 2.000 mètres, couvert de plantations au milieu desquelles serpente la rivière. Elle est ombragée sur toute son étendue par une multitude de palmiers auxquels se mêlent, surtout dans la partie nord et aux environs immédiats des ksour, des grenadiers, des figuiers et des oliviers, mi-cachés sous les rameaux grimpants de vignes et des osiers. »

A l'entrée des gorges, de gros poissons nagent dans une source dite sacrée.

Vallée de l'Ourika

VALLÉE DE L'OURIKA

Le Haut Atlas

À Dar Caïd Ouriki, à l'entrée de la vallée de l'Ourika, après avoir traversé la plaine du Haouz en venant de Marrakech, il y a le lundi l'un des souks les plus pittoresques du Maroc. Tous ceux qui viennent de la campagne ou de la montagne arrivent sur leurs ânes qu'ils font garder le long de l'oued. Plusieurs cours sont bordées d'arcades où sont vendus : fruits, légumes, épices, et aussi des vêtements. Les dentistes, les barbiers et les restaurateurs sont installés à l'ombre des galeries.

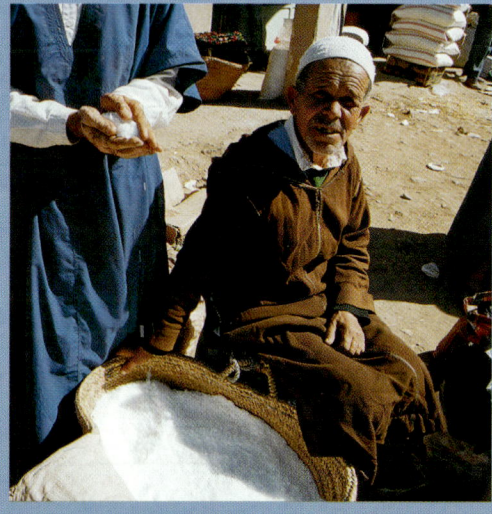

L'oued Ourika descend des contreforts du Haut Atlas. C'est un modeste torrent dont les crues, après de gros orages, peuvent être catastrophiques comme ce fut le cas en 1995. Les rives sont cultivées de maïs, de blé, ou plantées de saules et de peupliers. La couleur vert intense de la végétation contraste violemment avec celle rouge-orange vif de la terre. De nombreuses excursions en montagne sont possibles vers le jebel Yagour (gravures rupestres) ou vers les cascades de l'Ourika.

AÏT BOUGUEMÈS

Au sud de Beni-Mellal, après le village d'Azilal et une fois passé le col de Tizi-n-Tirghist (2 629 m), la vue s'étend vers la vallée des Aït Bouguemès dominée par le massif du M'Goun (4 068 m). C'est une vaste oasis de 70 kilomètres, parsemée de champs cultivés sertis entre les canaux d'irrigation, tels une marqueterie. Tout le long s'égrènent de superbes villages qui se confondent avec les pentes des montagnes, laissant aux cultures le fond de la vallée. Ils ressemblent à des éboulis de rochers cubiques bien organisés.

Cette vallée est coupée du monde l'hiver pendant près de six mois, la neige rendant impraticable la seule piste qui la relie aux grands axes : c'est l'isolement total.

Chaque groupe d'habitations est constitué d'une vieille demeure patriarcale, datant des environs de 1900, appelée « Tighermt », semblable à une forteresse. Elle n'a jamais été réparée mais remplacée, un peu plus loin, par de nouvelles constructions appelées « Tigmmi », datant des années 1970, qui sont édifiées en fonction de l'élargissement de la famille. Ces habitations sont maintenant recouvertes de plâtre à l'intérieur et décorées de dessins et peintures aux multiples couleurs.

Leur excellente connaissance de la montagne et la location de leurs mules ont permis aux habitants de suivre l'évolution de la pratique du trekking pendant l'été. Ces revenus supplémentaires ont contribué à l'amélioration de leurs conditions de vie.

TIZI-N-TICHKA

Le Haut Atlas

Tizi-n-Tichka

Le Haut Atlas

Le Tizi-n-Tichka, à 2 260 m, permet de franchir la barrière que fait le Haut Atlas entre Marrakech et Ouarzazate. Après avoir traversé le pays Glaoua au sud de Marrakech, on monte au Tizi-n-Aït Imguer (1 470 m). La végétation est abondante sur ce versant nord (pins d'Alep) ; puis le décor devient minéral et sévère ; les maisons, groupées entre elles, sont construites en pierres sèches noirâtres.
Le paysage change totalement après le passage du Tichka ; l'influence du climat saharien se fait déjà sentir. La couleur de la terre, comme celle des maisons, devient ocre, virant jusqu'au rouge. Le contraste des plantations est très fort dès qu'il y a un peu d'eau. Les maisons basses en torchis sont dominées par les kasbahs (Aguelmous) ou par les greniers collectifs (Irherm-n-Ougdal).

TELOUET

Sur le versant sud de l'Atlas, à quelques kilomètres du Tizi-n-Tichka, on aperçoit sur la gauche la petite vallée encaissée de l'oued Imarene qui conduit à Telouet. C'est le cœur de la tribu des Glaoua, Berbères qui habitent cette région depuis fort longtemps.
La kasbah, construite à la fin du XIXe siècle par le Glaoui, ancien Pacha de Marrakech, comprend une succession de bâtiments divers entourés d'une enceinte.
De cet ensemble somptueux qui part en ruines, il ne reste plus que deux pièces richement décorées de mosaïques, stucs et bois de cèdre sculpté.

Le Haut Atlas

A travers les grilles de l'ancien salon de réception du palais du Glaoui, on peut jouir d'une vue générale sur le petit village de Telouet. Son minaret carré de couleur blanche se détache des habitations de terre qui se confondent avec les teintes du paysage.
Avant l'existence de la route actuelle du col du Tizi-n-Tichka, cette vallée et ce village étaient le lieu de passage des caravanes.

TIZI-N-TEST

Le Haut Atlas

La troisième route qui traverse le Haut Atlas, après celles qui empruntent la vallée du Ziz ou le col Tizi-n-Tichka, remonte la vallée de l'oued Nfiss, passe le col du Tizi-n-Test pour descendre dans la plaine du Sous et atteindre Taroudant. Ce long parcours de montagne, l'un des plus beaux du Maroc, présente une suite de paysages différents. Cette voie de communication a joué un rôle important dans l'Histoire, car les populations montagnardes, maîtresses des lieux, pouvaient verrouiller le passage.

Tizi-n-Test

Au départ de Marrakech, après avoir traversé le pays Glaoua, on passe le village de terre de Tahanaoute. Les contreforts de l'Atlas franchis, on atteint Asni situé au centre du cirque de Tamarout dominé par le jebel Toubkal, point culminant de l'Atlas (4 167 m). Le bassin d'Ouirgane, zone verdoyante, aboutit à l'oued Nfiss qui serpente au pied du Tizi-n-Test. C'est une succession de méandres où la vallée s'élargit puis se resserre sans cesse en offrant de nouveaux points de vue.

Certains villages implantés à l'intérieur des boucles de l'oued profitent des terres alluviales laissées lors des crues pour cultiver de petites parcelles.
D'autres s'accrochent à la montagne en s'étageant le long des pentes. Les plantations, établies en petites terrasses soutenues par des murets en pierres sèches, nécessitent un entretien quotidien.
La couleur des maisons est celle de la terre ou des roches, tantôt grise ou vert amande, tantôt mauve ou même rouge.

Les formes simples présentent un enchevêtrement cubique, véritable composition artistique où la dominante horizontale est exprimée par la ligne des terrasses. De nombreuses kasbahs (Talaat-n-Yacoub, Tagoundaft) jalonnent ce parcours, ce sont les vestiges des demeures d'une grande famille de caïds, les Goundafa, qui a régné sur toute la vallée pendant plusieurs siècles en s'opposant au pouvoir des sultans. On atteint le col par une rude montée ; la vue sur la plaine du Sous et les sommets de l'Anti-Atlas est magnifique. De nombreux lacets vertigineux dans une contrée aride mènent à une région de chênes verts, puis à une steppe d'arganiers, avant d'arriver aux plantations d'orangers et de citronniers du Sous.

TINMEL

Le Haut Atlas

La mosquée de Tinmel (1153) est un prestigieux monument qui domine la vallée de l'oued Nfiss sur la route du Tizi-n-Test. Mohammed Ibn Toumert, qui avait étudié en Orient les règles de l'Islam, persuadé que son pays allait à la décadence, partit en guerre sainte contre les Almoravides. Il fut poursuivi et se réfugia à Tinmel où il fonda un ribat en 1125. Ses partisans furent appelés défenseurs de l'unité (Al Muwahidun), origine des Almohades. Son successeur Abd el Moumen s'empara de tout le territoire du Maroc. Tinmel devint ville sainte, Marrakech étant capitale. Les Mérinides la détruisirent en 1274 et il ne resta que les ruines de la mosquée qui vient d'être parfaitement restaurée. C'est l'une des plus anciennes du Maroc, son minaret bâti sur le mihrab est unique en son genre.

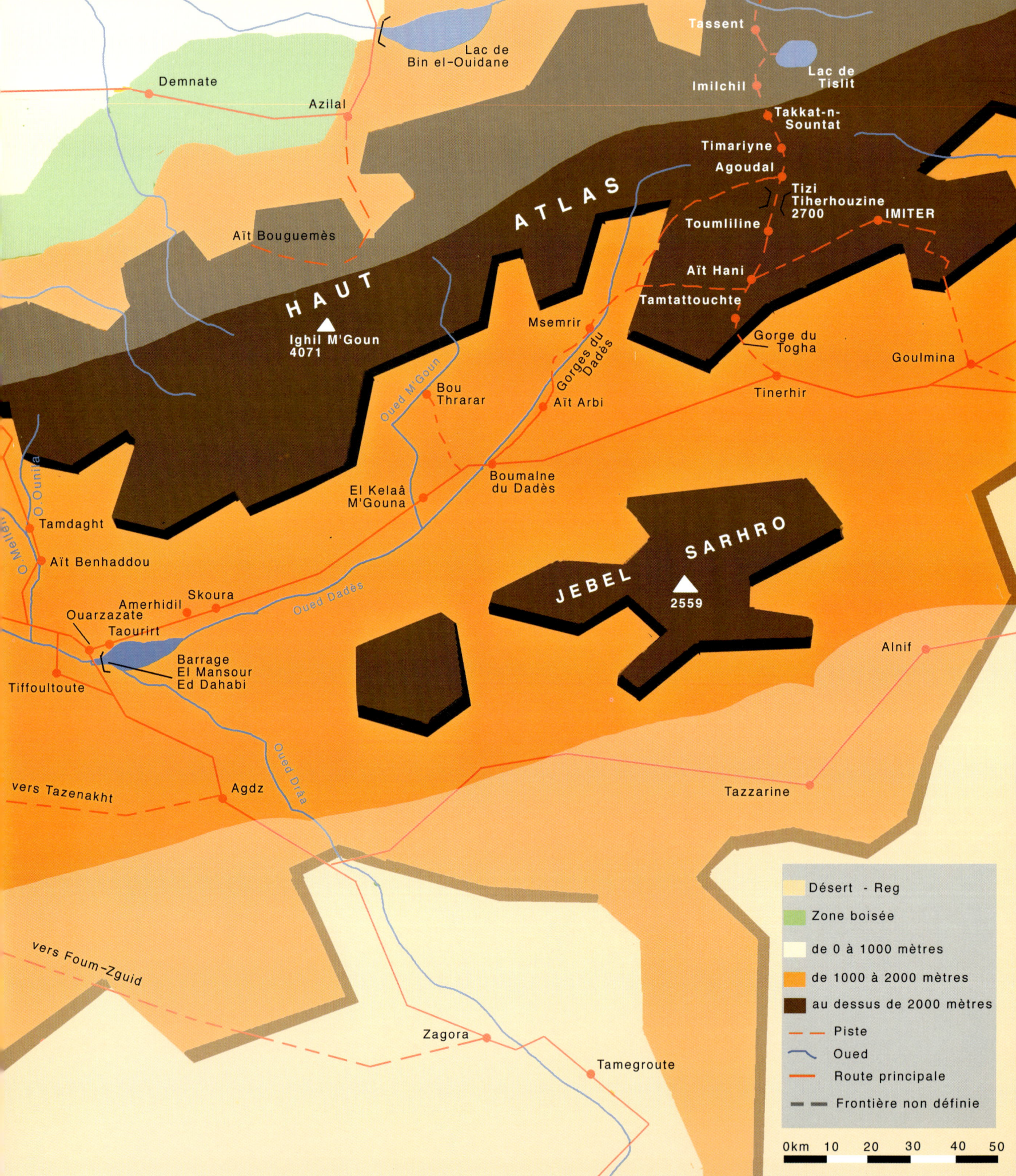

LE SUD DU HAUT ATLAS

Le versant sud du Haut Atlas, compris entre Ouarzazate à l'ouest et la vallée du Ziz (Er Rachidia) à l'est, est peut-être la région la plus attachante du Maroc ou tout au moins la plus spectaculaire.
Les montagnes sont excessivement colorées avec des tons sable qui virent presque au noir en passant par une palette infinie de couleurs (violet, mauve, brun-rouge, ocre...). Le ciel bleu, couleur complémentaire, devient si foncé qu'il paraît presque irréel. La lumière du matin et du soir est pure et donne encore plus d'intensité à ces couleurs.
Les palmeraies présentent également de nombreux contrastes : vert des palmiers renforcé par l'orange des grappes de dattes et la teinte pastel des céréales.
C'est le pays des kasbahs qui jalonnent les routes tout au long de l'oued Dadès, bâties sur un piton rocheux ou dominant un méandre de l'oued. Elles ont toujours fière allure avec leurs tours crénelées et leur décoration en briques crues.
Malheureusement, au fil du temps elles disparaissent peu à peu, la tradition faisant qu'elles ne soient pas réparées mais reconstruites à proximité. A notre époque, il n'y a pas de construction dans ce style ; mais on a pris conscience qu'il était nécessaire de conserver ce patrimoine et un grand effort est mené dans ce sens (à Aït Benhaddou par exemple).
La montagne est coupée perpendiculairement par de grandes saignées creusées par les oueds. Ces gorges permettent d'accéder à l'intérieur du Haut Atlas : la vallée de l'oued Asif M'Goun remonte dans le massif d'Irhil M'Goun en passant par Bou Thrarar, les gorges du Dadès amènent à Aït Arbi (parmi les plus belles kasbahs), à Msemrir (village de ksour) et les gorges du Todra sont une piste presque naturelle pour accéder à Imilchil au centre du Haut Atlas.
Ce sont les Berbères qui, depuis plus de 2 000 ans, habitent ces régions et qui édifièrent les kasbahs. Les harratines, descendants des esclaves noirs venus du sud du Sahara, cultivaient les oasis.
Le jebel Sarhro s'étend parallèlement au sud de la vallée du Dadès et culmine à 2 712 mètres. Ce massif montagneux est imposant : aspect volcanique et aiguilles noirâtres qui contrastent avec les paysages rencontrés dans la vallée du Dadès.
Sur ces roches ne poussent que quelques touffes d'herbes qui servent de pâturages aux troupeaux des semi-nomades Aït Atta (tribu berbère qui régnait en maître dans cette région et une partie de la vallée du Drâa).

ANEMITER

L'ancienne piste caravanière qui reliait Ouarzazate à Marrakech remontait la vallée de l'oued Asif Mellah, affluent de l'oued Ouarzazate, en passant par la kasbah d'Aït Benhaddou. A la hauteur de la kasbah de Tamdaght, elle bifurquait par l'oued Asif Ounila jusqu'à la kasbah de Telouet, fief de la famille du Glaoui. Cet itinéraire particulièrement difficile n'est plus guère fréquenté et les villages tombent souvent en ruine. La beauté des paysages est unique et le contraste violent entre les teintes de rouges vifs de la terre et le ciel d'un bleu profond est remarquable. Les oueds sont à sec, mais une écume blanche paraît couler dans leur lit ; ce sont de fortes résurgences de sel. Les orages peuvent y engendrer de violentes crues.

TAMDAGHT

Le Sud du Haut Atlas

La kasbah de Tamdaght, ancienne demeure du Glaoui, a encore fière allure dans un paysage minéral où tout a la même couleur ocre : montagne, monuments et maisons. Elle n'est plus habitée que par un volumineux nid de cigognes perché sur une des trois tours restantes. Les kasbahs du sud de l'Atlas sont bâties d'épais murs en pisé selon un plan carré simple flanqué d'une tour à chaque angle, à l'inverse des kasbahs du type forteresse construites par les sultans : Boulâouane, Kasba Tadla. Leur décoration, qui n'a pas subi l'influence hispano-mauresque, est celle de l'art berbère rural, riche en motifs décoratifs exécutés en briques crues. La lumière provoque des ombres violentes qui mettent en relief le décor obtenu par les creux.

Aït Benhaddou, patrimoine mondial de l'UNESCO, est le plus connu des ksour : de nombreux films furent tournés dans ce site grandiose. Le panorama s'admire depuis les plus hautes terrasses que l'on atteint par un dédale de ruelles et d'escaliers. La vue sur les tours des six kasbahs, les différents volumes des habitations encore occupées par quelques familles, l'oued Asif Mellah qui coule lentement et les étendues désertiques à l'horizon contribuent, surtout au soleil couchant, à créer un spectacle étonnant.

AÏT BENHADDOU

Le Sud du Haut Atlas

OUARZAZATE

Nous sommes ici au seuil du grand Sud vers les vallées du Dadès et du Drâa. La kasbah de Taourirt, aux portes de la ville qui fut anciennement une garnison, est une des plus belles du Maroc. A proximité de Ouarzazate, dans un paysage de montagnes, s'étend le magnifique plan d'eau du barrage El Mansour ed Dahbi (1969) qui régularise les eaux du Drâa et permet d'irriguer 14 000 ha. Quelques îlots émergent des terres englouties et laissent apparaître les vestiges d'anciennes kasbahs.

TIFFOULTOUTE

Le Sud du Haut Atlas

La kasbah de Tiffoultoute, construite sur une petite butte dénudée, domine l'oued Ouarzazate à quelques kilomètres en amont de la ville du même nom. Vue depuis l'autre rive, la kasbah se détache sur les montagnes en arrière-plan. Ce site est encore plus beau en hiver et au printemps, lorsque toutes les cimes de l'Atlas sont enneigées. Le tableau est complété par une riche palmeraie longeant les bords de l'eau qui reflète tout cet ensemble. Elle appartenait à un cheik qui était souvent en guerre avec ses voisins et en particulier avec le caïd de Ouarzazate. Son dernier occupant fut un khalife du Glaoui. Laissée à l'abandon, elle est maintenant transformée en restaurant. Le village est formé de maisons enchevêtrées les unes dans les autres.

LE SUD DE L'ATLAS

La route qui part de Ouarzazate vers l'est parcourt un plateau d'une altitude de 1 000 à 1 500 mètres serti entre deux montagnes : le Haut Atlas au nord et le jebel Sarhro au sud ; c'est la basse vallée de l'oued Dadès qui alimente le lac de barrage El Mansour ed Dahbi. La région, de type présaharien avec de vastes étendues de regs, est jalonnée de palmeraies dominées par des ksour.

Au printemps, tout y est d'une rare beauté ; on ne peut qu'admirer les paysages arides aux longues traînées verdoyantes avec, en fond de décor, la chaîne continue du Haut Atlas dont la ligne de crêtes des sommets est tout enneigée.

SKOURA

Le Sud du Haut Atlas

Le village de Skoura, déjà habité par des Berbères au XIIe siècle et qui aurait été créé par Yacoub el Mansour, est entouré d'une suite de jardins où sont cultivées des roses, à l'ombre des palmiers.
Plusieurs belles kasbahs sont réparties dans cette oasis de verdure : Dar Aït Sidi el Mati, Dar Aït Haddou, Dar Aït Aïchil.
La plus renommée est la propriété du cheikh d'Amerhidil ; c'est une construction importante superbement décorée et entourée de verdure.

Dans le ksar

256

DANS LE KSAR

Le Sud du Haut Atlas

Le ksar était à l'origine un abri où les nomades laissaient leur récolte sous la protection d'un gardien pendant qu'ils transhumaient avec leur troupeau. Il est devenu un habitat fortifié pour se protéger des rapines. Sa forme est massive, avec ses quatre murs flanqués de tours. Les ouvertures étaient étroites, comme des meurtrières ; maintenant elles sont plus larges mais grillagées. Les pièces sont disposées autour d'une cour intérieure sur plusieurs niveaux : le rez-de-chaussée est réservé à la bergerie et au poulailler, le premier étage au grenier et le second au logement. Il n'y a pas de mobilier mais quelques nattes et tapis sur le sol. La terrasse est surtout occupée à la belle saison et pendant les soirées d'été.

El Kelaâ M'Gouna

EL KELAÂ M'GOUNA

Le Sud du Haut Atlas

Le village d'El Kelaâ M'Gouna est situé au bord de l'oued Asif M'Goun avant sa jonction avec le Dadès. Plusieurs belles kasbahs bien conservées émergent de cette oasis, sans palmiers en raison de l'altitude, mais où l'on trouve des arbres fruitiers et surtout des roseraies très importantes. Le ramassage des roses permet de produire sur place l'eau de rose, utilisée par les Marocains pour les ablutions avant les repas, et d'en exporter une grande partie pour la fabrication des parfums.

El Kelaa M'Gouna

Le pisé sert à bâtir les épais murs des niveaux inférieurs de la kasbah. C'est une sorte de béton de terre, versé et tassé entre deux planches pour assurer sa prise. Les ouvertures n'apparaissent qu'au premier étage, ainsi que divers motifs réalisés en creux par l'utilisation de briques crues. Les terrasses sont coiffées de merlons crénelés et l'eau de pluie est rejetée loin des murs par de longs bois creux.

La rigidité de l'ensemble est assurée par des poutres en thuya, palmier ou pin, qui supportent les planchers de chaque niveau. La fragilité de la matière première, si l'ouvrage n'est pas constamment entretenu, rend ces bâtisses vulnérables au temps et il n'est pas rare de voir des constructions d'il y a cinquante ans déjà en ruine.

BOU THRARAR

Le Sud du Haut Atlas

Pour accéder au ksar de montagne de Bou Thrarar, les itinéraires sont difficiles et spectaculaires. Celui-ci domine le méandre de l'oued Asif M'Goun, bordé par une longue oasis de verdure qui contraste violemment avec la couleur uniformément ocre rose.
Depuis El Kelaâ M'Gouna, la piste monte à travers un désert rocailleux où de rares bergers surveillent leurs troupeaux. Au col, on débouche sur un panorama prodigieux et une descente vertigineuse.

VALLÉE DU DADÈS

Le Sud du Haut Atlas

En remontant le Dadès, la direction change brusquement vers le nord pour entrer dans la montagne. La vallée, avant de se rétrécir en gorges étroites et profondes, serpente au bas des pentes arides ; les rives d'un vert soutenu sont cultivées près des plantations de noyers, d'amandiers, figuiers et peupliers.
Les ksour se succèdent ; ils sont implantés sur des pitons rocheux, comme l'ancienne kasbah du Glaoui, ou érigés au bord de l'oued et entourés de cultures.

Vallée du Dadès

Le Sud du Haut Atlas

Aït Arbi

Les kasbahs d'Aït Arbi sont entourées par un cadre extraordinaire fait de rochers bosselés et mouvementés, ou de gros mamelons dénudés semblables à d'immenses dunes de sable avec, au loin, les sommets enneigés de l'Atlas. Le contraste étonnant avec la douceur des couleurs et des formes des rives procure une sensation de calme et de bonheur.
Les chants des femmes et des enfants qui travaillent dans les jardins donnent une note de gaieté à ce paysage.

AÏT ARBI

Le Sud du Haut Atlas

Tinerhir

L'oasis de Tinerhir, plantée de milliers de palmiers, s'étale largement au pied d'une montagne désertique, le long de l'oued Todra après sa sortie des gorges.
Les ruines d'une ancienne kasbah du Glaoui dominent la ville depuis un plateau rocheux d'où la vue est très étendue et permet de jouir du panorama de la vaste palmeraie, avec ses nombreux ksour dispersés au milieu des cultures.
Le désert est là, tout proche à l'horizon, au-delà du ruban vert qui s'étire à l'infini. Les eaux de l'oued permettent l'irrigation d'une succession de vergers et l'on peut voir tous les jours hommes et femmes travailler soigneusement chaque parcelle de terre.

TINERHIR

Le Sud du Haut Atlas

Un immense souk se tient deux fois par semaine à deux kilomètres à l'ouest de Tinerhir, dans la direction de Boumalne.
Il est aménagé sur une grande esplanade entourée de hauts murs et n'a qu'une seule porte d'accès.
Les artisans (potiers et ferroniers), les cultivateurs, les marchands de sel, les bijoutiers présentent leurs marchandises étalées directement sur le sol. C'est le lieu de rencontre où l'on vient discuter, même si l'on ne désire rien vendre ou acheter.

Le Sud du Haut Atlas

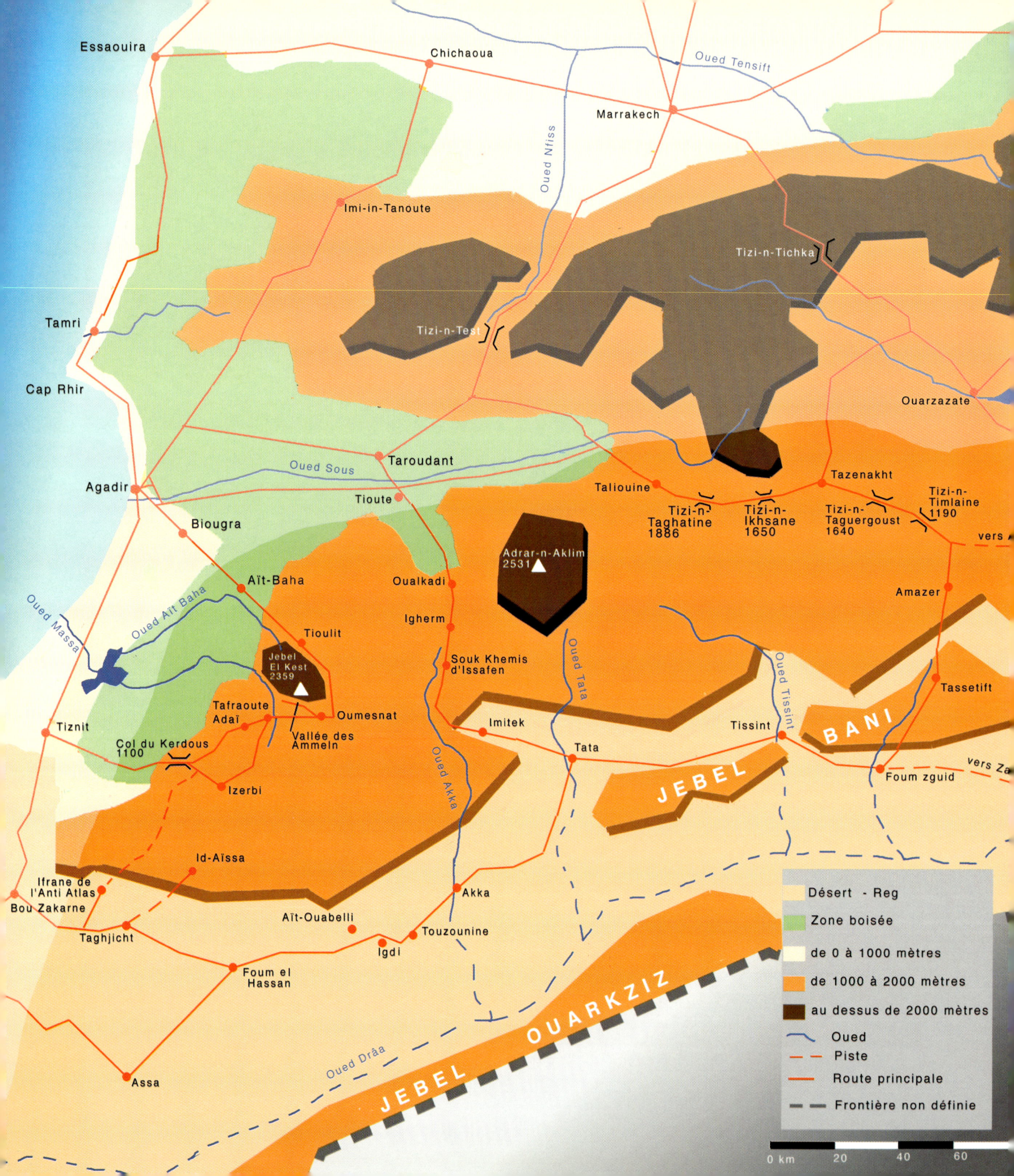

L'ANTI-ATLAS

La chaîne de l'Anti-Atlas s'étend depuis le jebel Siroua, situé au sud du Haut Atlas et à l'ouest de Ouarzazate, jusqu'au cap Drâa au nord de Tan-Tan sur la côte atlantique.
Son versant nord abrupt, qui domine la fertile plaine du Sous, est recouvert d'une végétation éparse d'arganiers, d'acacias (d'où l'on extrait la gomme arabique). Dans les vallées, l'agriculture est difficile mais les arbres fruitiers (amandiers, figuiers, oliviers) sont prospères.
Les sommets sont peu élevés et culminent à 2 530 mètres avec l'Adrar-n-Aklim à l'est d'Igherm et le jebel Lekst (2 359 m) au nord de Tafraoute.
Le versant sud est aride et descend progressivement vers les plaines désertiques. Des oueds, le plus souvent à sec, serpentent dans des gorges ou à travers de longues palmeraies (Souk Khemis d'Issafen) pour se jeter dans le Drâa. Celui-ci longe le versant sud pour disparaître dans le reg avant d'atteindre l'océan Atlantique.
Les habitants sont des Berbères Chleuh qui occupent des villages fortifiés dont les maisons, construites en pierres sèches, sont accrochées au flanc de la montagne. C'est la région des greniers communautaires que l'on nomme « Agadir », ou « Irherm » en berbère.

La vie est difficile dans cette région aride et une partie de la population locale est partie vers les villes du Nord ou à l'étranger. C'est le cas, dans la vallée des Ameln, à proximité de Tafraoute, où beaucoup d'hommes tiennent des commerces loin de chez eux pour revenir construire leur maison dans leur village natal.
Deux itinéraires peuvent être empruntés pour atteindre Tafraoute par des routes goudronnées. L'un passe par Aït-Baha et traverse une région plantées d'arganiers. L'autre, au départ de Tiznit, emprunte une gorge où poussent des amandiers, puis une longue montée jusqu'au col du Kerdous, qui offre des vues plongeantes superbes sur les cultures en terrasses et les villages recroquevillés sur eux-mêmes.
Une autre transversale passe par Igherm pour aller jusqu'à Tata. Tout au long de cet itinéraire, les panoramas sont spectaculaires aussi bien à la montée du versant nord qu'à la descente vers le sud. Les montagnes sont arides, riches en couleurs et présentent un relief aux plissements vigoureux.

VERS TAFRAOUTE

TIOULIT

L'Anti-Atlas

Il existe deux voies d'accès carrossables pour se rendre à Tafraoute au départ d'Agadir, soit par Aït-Baha soit par Tiznit. Les deux sont spectaculaires mais présentent des paysages différents. On traverse la plaine du Sous pour atteindre Aït-Baha avant de monter les pentes de l'Anti-Atlas. La région devient sauvage malgré quelques cultures en terrasses, de blé ou d'orge, des plantations d'amandiers et d'arganiers. La route en lacets, parfois vertigineuse, amène sur un plateau aride et contourne le pittoresque village fortifié de Tioulit. Sa situation et ses remparts lui permettaient, dans cette région isolée, de se défendre contre les pillages éventuels. Les maisons en pierres volcaniques du village d'Oumesnat, avant Tafraoute, sont blotties contre la montagne.

Vallée des Ameln

La tribu berbère chleuh des Ameln occupe une vallée près de Tafraoute au pied du jebel Lekst (2 359 m). On dénombre au moins vingt-sept villages qui s'étagent à la base de cette barrière de granit d'un rose flamboyant.
Les maisons, bâties en pierre sèche, sont revêtues d'un enduit ocre tirant sur le rose et une bordure blanche peinte encadre les fenêtres. Cette oasis de montagne fertile et bien irriguée est le domaine des amandiers et des oliviers. Dans les jardins on ne rencontre que des femmes ou des jeunes filles habillées en costume traditionnel qui entretiennent leur parcelle ; les hommes sont presque tous expatriés et tiennent un commerce, le plus souvent d'épicier, dans les grandes villes du Maroc ou d'Europe.

VALLÉE DES AMELN

L'Anti-Atlas

Tafraoute

TAFRAOUTE

L'Anti-Atlas

Tafraoute, oasis de montagne située à 1 000 mètres dans un cirque entouré de massifs granitiques roses, est le centre de la tribu des Ameln.
Les palmiers, grands et majestueux, parsemés au milieu des amandiers et des oliviers, sont dominés par des centaines de blocs rocheux immenses aux formes insolites. Les habitants du petit village sont aisés, la plupart ayant tenu boutique loin d'ici et étant revenus y investir, en général dans la construction de leur maison.

ADAÏ

L'Anti-Atlas

Adaï, à quelques kilomères de Tafraoute, est le plus beau village de la région. Quelques maisons cubiques, toutes enduites d'un mortier de couleur rose, groupées autour du minaret carré de la mosquée de même couleur, semblent écrasées par un chaos de rochers monumentaux. Des ruelles étroites et raides se faufilent entre les habitations et l'on peut apercevoir près d'une porte entr'ouverte une femme drapée dans son voile noir brodé de couleurs vives.
La palmeraie est plus dense et les femmes sont obligées d'utiliser la charrue tirée par le bœuf pour cultiver les minuscules parcelles de terrain.
C'est en janvier et février qu'il faut venir dans cette région pour admirer le tableau féerique des amandiers en fleur.

Tafraoute-Tiznit

DE TAFRAOUTE À TIZNIT

Les paysages sont merveilleux dans la région d'Izerbi et vers le col du Kerdous ; l'habitat varié est clairsemé à travers la montagne. Les murs sont bâtis en pierre sèche, apparente ou bien enduite et peinte d'un brun rouge cerné de blanc ou de bleu clair. Les panoramas, exceptionnels après le col en descendant vers Tiznit, présentent des points de vue plongeant sur des villages berbères ramassés sur eux-mêmes, ou sur des cultures en terrasses sur lesquelles on trouve aussi des amandiers.

L'Anti-Atlas

TALIOUINE

Au fond de la large vallée du Sous, la route s'élève dans la montagne de l'Anti-Atlas et atteint Taliouine. Ce gros village, à 940 mètres d'altitude, est connu pour son ancienne kasbah qui a appartenu au pacha de Marrakech, et surtout pour la culture du safran, épice rare et coûteuse. La récolte se fait en janvier et consiste à recueillir les trois pistils de la fleur. Une fois séchés, ils serviront à accommoder des mets, mais aussi à des préparations pharmaceutiques et cosmétiques (colorants).

DE TAZENAKHT À AGDZ

L'Anti-Atlas

Tazenakht - Agdz

Tazenakht, situé dans une région désertique, est le carrefour entre Ouarzazate, Taroudant et Foum-Zguid.
Sa réputation vient des tapis et burnous fabriqués par les membres de la tribu des Ouzguida, qui sont caractérisés par une dominante orange.
La piste qui rejoint Agdz traverse des espaces arides qui procurent une sensation d'isolement. La végétation est presque inexistante, les montagnes sont désolées ; c'est une contrée peu habitée et aux rares villages clairsemés.

DE TAROUDANT À IGHERM

L'Anti-Atlas

La traversée de l'Anti-Atlas de Taroudant vers Tata passe par Igherm. Avant de s'élever sur les pentes du versant nord, on chemine à travers de belles orangeraies et on contourne les ruines de l'ancienne kasbah de Tioute. Les villages se succèdent ; ils sont entourés de cultures en terrasses et de plantations d'arganiers, dont les branches porteuses de fruits attirent les chèvres noires. La vue s'étend sur la chaîne du Haut Atlas dès que l'on atteint le village d'Oualkadi. Ici la pierre sèche remplace les enduits colorés des constructions en terre. Chaque groupe de maisons possède son aire de battage, également en dallages de grandes pierres et non de terre battue. Toutes les surfaces de terrain sont cultivées et aménagées en terrasses.

Taruodant-Igherm

Igherm

Igherm, fief de la tribu des Ida Oukensous, est un gros village situé à 1 800 mètres d'altitude dans un beau cadre de montagne. Les maisons aux habiles appareillages de pierres roses sont percées d'ouvertures rectangulaires grillagées. Les mines de cuivre de cette région permettaient dès le XIe siècle l'exportation de ce métal au Soudan. Elles fournissent encore la matière première pour la fabrication d'objets divers, et notamment des pichets appelés « Situles ».
Les femmes, habillées de robes noires bordées de bandes aux couleurs vives, coiffées de bandeaux multicolores, parées de bijoux en argent, cheminent dans les raides ruelles avec leurs pots en cuivre dans le dos pour aller puiser l'eau au puits communal.

IGHERM

L'Anti-Atlas

Souk Khemis d'Issafen

La route qui descend du village d'Igherm emprunte les pentes sud de l'Anti-Atlas et offre une succession de paysages très variés qui sont parmi les plus extraordinaires du Maroc. Cette région qui, il y a encore peu de temps, n'était accessible que par piste, garde son caractère originel dans la vie quotidienne de ses palmeraies. En changeant de versant au col de Tizi-Touzlimt, à 1 692 m, pour aller vers Tata, on sent peu à peu le climat devenir saharien. Tout y contribue : les couleurs, les strates du relief, la végétation plus rare, la pureté de l'air et la chaleur. A Souk Khemis d'Issafen, la première grande oasis, l'eau, devenue rare, est répartie pour l'irrigation suivant un temps précis par un responsable appelé « le caporal des eaux ».

SOUK KHEMIS D'ISSAFEN

L'Anti-Atlas

Vers Tata

VERS TATA

L'Anti-Atlas

La couleur indigo des voiles portés par les femmes est immédiatement repérable dans ce décor où les teintes minérales des montagnes s'étalent dans une gamme allant de l'ocre au mauve et celles des palmeraies dans une harmonie de vert sombre. Après Imitek, des nomades viennent planter leurs tentes brunes sur les terres sèches où ne poussent que quelques touffes d'herbe que broutent leurs chèvres. Au loin, l'immense palmeraie de Tata ne paraît qu'une mince bande verte.

Tata

L'oued Tata, qui descend de l'Anti-Atlas pour se jeter dans l'oued Drâa, alimente la plus grande palmeraie du Sud jusqu'à l'océan Atlantique. Cette oasis comprend une trentaine de ksour habités par des Berbères Chleuh, dont les femmes sont vêtues de robes bleu indigo et de voiles noirs, des Harratines et des femmes de Bédouins aux habits colorés. La route en direction d'Akka, à l'ouest, suit de longues arêtes rocheuses aux crêtes déchiquetées qui émergent du sable, semblables à des épines dorsales de dinosaures.

TATA

L'Anti-Atlas

AKKA

Akka, ancienne étape des caravanes du Sud avant le XIXe siècle, est une grande oasis de dix ksour. Les vergers de sa palmeraie produisent d'excellents fruits : raisins, grenades, figues, pêches, coings et noisettes.
Le rabbin Mardochée, accompagnateur de Charles de Foucauld en 1883, y naquit. Il découvrit les premières gravures rupestres de la région. On en trouve à N'Metgourine, Maleg, Maarda et dans la vallée de Kheneg.

TOUZOUNINE

L'Anti-Atlas

Touzounine petit village perdu dans le reg, balayé par de très forts vents de sable, semble tout droit sorti du Sahara. Ici, tout est jaune ocre et contraste avec la tenue blanche des hommes au chèche noir et les grandes robes bleues des femmes dont le visage est couvert par un voile noir brodé.
De modestes villages, qui étaient des ports de caravanes arrivant du désert, s'échelonnent sur cette ancienne piste : Igdi, Aït Ouabelli, Foum el Hassan.

IGDI

IFRANE DE L'ANTI-ATLAS

L'Anti-Atlas

Une trentaine de ksour forment l'oasis de montagne d'Ifrane de l'Anti-Atlas, au bord de la piste qui descend de Tafraoute par le col du Kerdous. Le village était habité par une colonie juive qui se serait installée au VIe siècle av. J.-C. après la destruction de Jérusalem par les Babyloniens. Il ne reste que des ruines du mellah, de la synagogue et du cimetière. Le souk du samedi, qui se tient dans un joli cadre, est très animé par les Berbères de la montagne qui s'y rendent.

Taghjicht

TAGHJICHT

L'Anti-Atlas

L'oasis de Taghjicht, arrosée par l'oued Seyad, est un havre de paix après la traversée des zones désertiques depuis Tata. Sa palmeraie, enserrée dans un écrin de rochers ocre rose, s'étire le long d'une nappe d'eau d'un bleu profond au milieu de massifs de lauriers-roses. Les ruines d'une importante forteresse du XIIe siècle dominent les 60 000 palmiers-dattiers et les quatorze ksour. Non loin de là, mais par une piste difficile, l'agadir d'Id-Aïssa (grenier fortifié) a encore belle allure.

TAZENAKHT - FOUM-ZGUID

L'Anti-Atlas

Le grand Sud peut également être atteint en partant de Tazenakht. Une route qui traverse le jebel Bani rejoint Foum-Zguid. Les premières chaînes franchies par les cols Tizi-n-Taguergoust (1 640 m) et Tizi-n-Timlaine (1 190 m), on longe un oued (souvent à sec) qui va se jeter dans le Drâa. Ce parcours est jalonné de belles kasbahs parfois en ruine (Amazer) et de plusieurs petites oasis. Une gorge profonde coupe le jebel Bani avant d'arriver à Foum-Zguid.

Tassetift

Tassetift semble perdu au fond de la vallée qui descend vers Foum-Zguid. Son aspect n'a pas changé avec le temps ; ses maisons de terre groupées autour de la kasbah ont gardé leur aspect originel.
Les hommes du village, partis travailler en ville, sont tous présents pour fêter l'Aïd el Kebir. Vêtus de blanc, ils se rassemblent pour prier devant le marabout puis, en chantant, partent en procession à la mosquée avant le sacrifice traditionnel du mouton.

TASSETIFT

Tissint

TISSINT

L'Anti-Atlas

Le versant sud du jebel Bani entre Foum-Zguid et Tata est un désert rocailleux ; quelques rares troupeaux de chèvres se perdent dans cette nature aride. A Tissint, l'oued se fraie un passage en traversant la montagne par une étroite faille. Une grande palmeraie occupe le fond de cette gorge abrupte où l'eau coule toute l'année, alimentant les séguias des jardins. Les maisons de l'agadir de Tissint sont accrochées aux parois rocheuses comme des vestiges de forteresse.

Alnif - Tazzarine

ALNIF - TAZZARINE

L'Anti-Atlas

Du Tafilalt à la vallée du Drâa, le versant sud du jebel Sarhro est habité par les Aït Tata, nomades qui se sont sédentarisés. Dès les moindres précipitations, les pâturages reverdissent d'une façon spectaculaire sur les vastes étendues au pied des montagnes, au grand régal des moutons et des dromadaires. Chaque ksar, suivant une ancienne organisation sociale, possède ses équipements collectifs : mosquée, place publique, école coranique, maison d'hôtes, échoppes.

Alnif-Tazzarine

L'Anti-Atlas

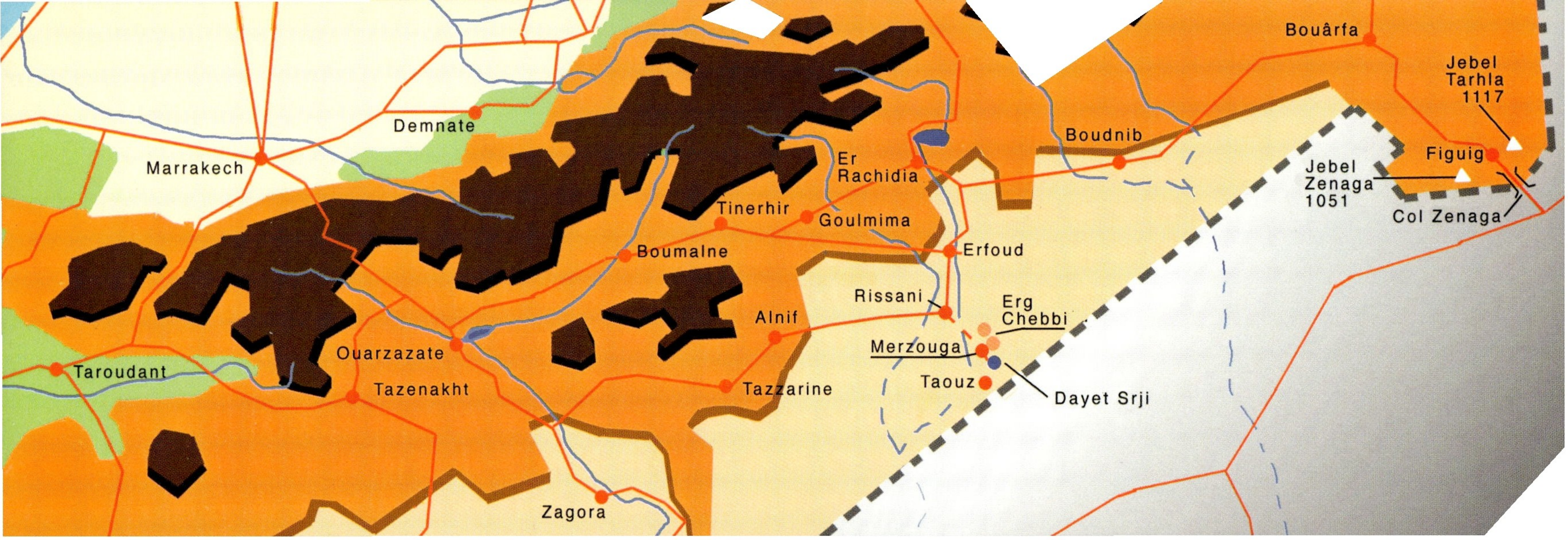
Bouârfa
Jebel Tarhla 1117
Figuig
Jebel Zenaga 1051
Col Zenaga
Demnate
Marrakech
Boudnib
Er Rachidia
Tinerhir
Goulmima
Boumalne
Erfoud
Rissani
Erg Chebbi
Merzouga
Alnif
Ouarzazate
Taroudant
Tazenakht
Tazzarine
Taouz
Dayet Srji
Zagora

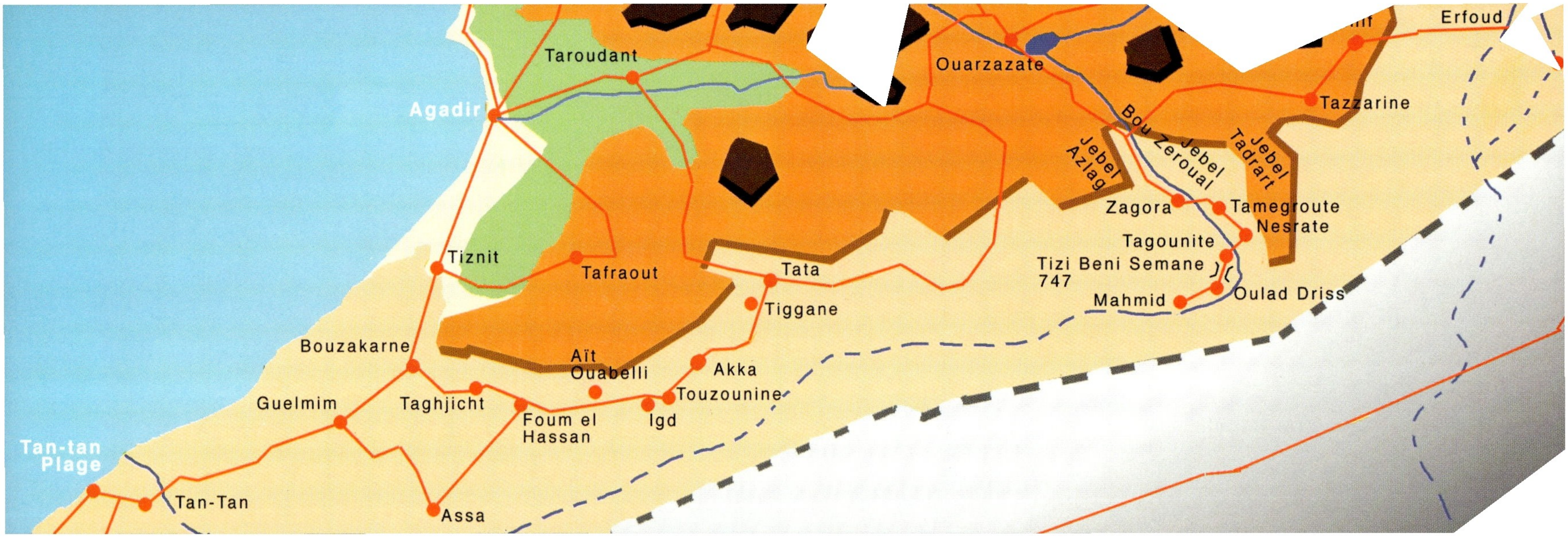
Taroudant
Agadir
Ouarzazate
Erfoud
Tazzarine
Jebel Azlag
Bou Zeroual
Jebel
Jebel Tadrart
Zagora
Tamegroute
Nesrate
Tagounite
Tizi Beni Semane 747
Oulad Driss
Mahmid
Tiznit
Tafraout
Tata
Tiggane
Bouzakarne
Aït Ouabelli
Akka
Touzounine
Guelmim
Taghjicht
Foum el Hassan
Igd
Tan-tan Plage
Tan-Tan
Assa

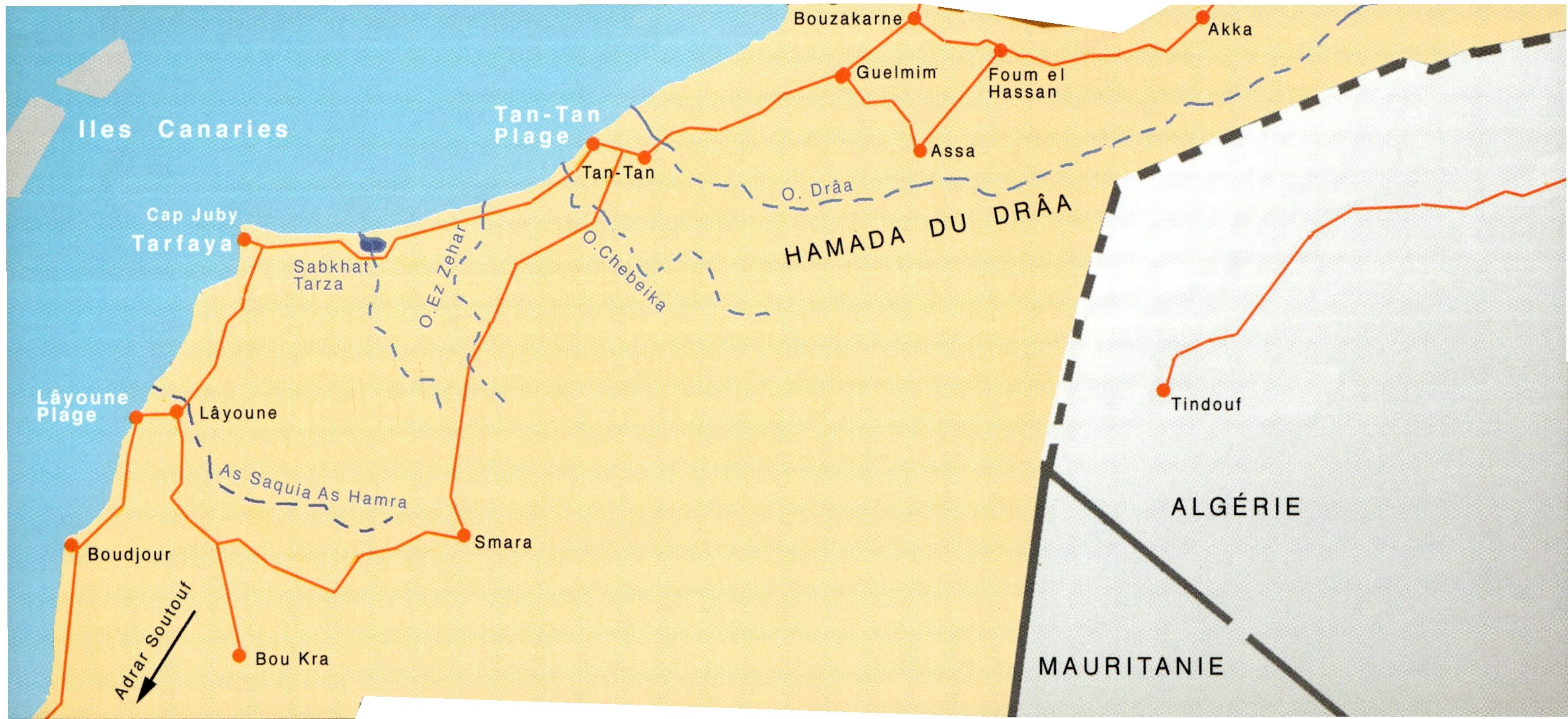
Bouzakarne
Akka
Guelmim
Foum el Hassan
Iles Canaries
Tan-Tan Plage
Tan-Tan
Assa
O. Drâa
Cap Juby
Tarfaya
Sabkhat Tarza
O. Ez Zehar
O. Chebeika
HAMADA DU DRÂA
Tindouf
Lâyoune Plage
Lâyoune
As Saquia As Hamra
ALGÉRIE
Smara
Boudjour
Adrar Soutouf
Bou Kra
MAURITANIE

LES PORTS DU DÉSERT

Toute l'Histoire du Maroc est étroitement liée avec le Sahara jusqu'aux fleuves Niger et Sénégal.
Les Almoravides, Berbères sahariens, unifièrent au XIe siècle les régions s'étendant du fleuve Sénégal à Tanger, le désert n'étant pas une barrière.
« L'autorité marocaine aux XVIe et XVIIIe siècles s'étendait jusqu'à la boucle du Niger. De Gao à Tombouctou, la prière était dite au nom du sultan du Maroc » (B. Jugan : *Histoire du Maroc*).
Les Alaouites, originaires du Hedjaz en Arabie Saoudite, arrivent au Tafilalt à la fin du XIIIe siècle (c'est le fief de la famille).

Le Maroc actuel s'ouvre toujours vers le grand Sud saharien par quatre grands axes que l'on appellera « Les ports du désert », malgré les barrières des trois chaînes de montagnes du Moyen Atlas, du Haut Atlas et de l'Anti-Atlas :

- Figuig et le col de Zenaga,
- La vallée du Ziz et le Tafilalt,
- La vallée du Drâa et Zagora,
- Goulimine (Guelmim) et la route de la côte.

- **FIGUIG** est une grande oasis située à la frontière de l'Algérie. Cette frontière a été définie arbitrairement lors de la colonisation (la ville de Tindouf, plus au sud, avait déjà été créée par les Marocains).
Au XVIIe siècle, c'était le carrefour des pistes caravanières aux portes du Grand Erg occidental.

- **La vallée du ZIZ et le TAFILALT** ont été pendant plusieurs siècles le passage des communications entre Fès et Tombouctou.
Au XVIe siècle, avec le florissant commerce des esclaves, Sijilmassa était le plus grand centre caravanier.

La population est composée d'un mélange d'Arabes, de Berbères et de Harratines. Parmi les habitants, beaucoup descendent de la famille des Alaouites et sont considérés comme des « Chérifs » (descendants du Prophète).
Cette région était fort prospère, mais elle déclina peu à peu en raison de plusieurs problèmes : le manque d'eau, l'ensablement et la maladie des palmiers. Actuellement, des recherches scientifiques sont en cours pour connaître les raisons et remédier à cette maladie.

- La vallée du **DRÂA** et **ZAGORA** étaient contrôlées dès le XIIe siècle par les Almoravides qui avaient étendu leur pouvoir jusqu'au Soudan. Les ruines d'une de leurs forteresses, qui couronne le jebel Zagora, témoignent de leur présence.
A Mhamid, l'oasis la plus méridionale du Drâa était au XVIIe siècle un important centre caravanier.
Malgré la pancarte qui indique à la sortie de Zagora « TOMBOUCTOU : 52 jours de chameau, bonne route », la piste caravanière n'est plus utilisée depuis de nombreuses années à l'exception de quelques aventuriers qui partent en 4x4.

- L'axe de **GOULIMINE** (Guelmim) jusqu'à la Mauritanie et Tombouctou a été d'une grande importance pour le commerce à toutes les époques. Jusqu'au XIXe siècle, les caravanes sahariennes ont longé la côte pour atteindre Mogador (Essaouira) et apporter les produits venant du Soudan : poudre d'or, plumes d'autruches, sel, défenses d'éléphants et également des esclaves.
Dès que la France occupa le Soudan, au début du XIXe siècle, la route des caravanes fut abandonnée en raison de la concurrence européenne, le trafic s'effectuant alors par voie maritime.

Déjà au XVIIIe siècle, Figuig, passage privilégié entre le Sahara algérien et le Maroc, était un grand centre caravanier. Son immense palmeraie de près de 100 000 palmiers s'étend au pied de l'Atlas saharien à 900 mètres d'altitude. La trouée du col Zenaga entre le jebel Zenaga (1 051 m) et le jebel Tahrla (1 117 m) est une voie naturelle vers l'Algérie. Cette oasis de 10 000 habitants d'origine berbère est formée de sept ksour qui furent indépendants jusqu'au XIXe siècle, mais ils étaient souvent en conflit entre eux pour des raisons de répartition de l'eau.

FIGUIG

Figuig

L'eau chaude et salée provient de sources artésiennes qui jaillissent du plateau de l'Oudarhir ; elles sont acheminées dans les différentes parties de l'oasis par des foggaras (ou rhettaras : galeries souterraines creusées par l'homme). Le ksar Zenaga (7 000 habitants) est le plus important. Dans ses vastes jardins, on cultive des légumes, de l'orge et de la vigne (les raisins y sont excellents).
Depuis Figuig, le chef Bou Amama souleva au début du XIXe siècle cette région et le Sud oranais contre les Français d'Algérie. Une zaouïa lui est dédiée dans le ksar El Hammam. A l'intérieur de ce ksar surgissent plusieurs sources chaudes et salées qui servent de hammam à la population.

Le ksar El Oudarhir est le plus facile d'accès. Ses ruelles étroites, parfois couvertes, ses maisons aux formes simples en pisé, son minaret de section ronde en pierres sèches, ses remparts flanqués de tours carrées ou rondes sont caractéristiques.

Sur la place centrale, à l'ombre des grands palmiers, un escalier raide et obscur nous conduit à un bassin d'eau chaude éclairé par une infime lueur qui provient d'une minuscule percée de la voûte. Jeunes et adultes viennent s'y baigner.

Figuig

BOUDNIB

Les ports du désert

La meseta du Maroc de l'Est s'étend depuis le sud d'Oujda jusqu'à la vallée du Ziz, au pied des contreforts du Rif et du Moyen Atlas. C'est une région aride de hauts plateaux (1 300 mètres d'altitude moyenne) avec des sommets culminant à 2 000 mètres. Le climat saharien s'y fait sentir et la végétation est rare. On y récolte l'alfa qui sert à la fabrication du papier. En arrivant près de la vallée du Ziz, on découvre quelques kasbahs entourées de petites oasis.

Vallée du Ziz

VALLÉE DU ZIZ

Les ports du désert

L'oued Ziz prend sa source dans le Haut Atlas près du village d'Agoudal, proche d'Imilchil, puis il se dirige vers l'est pour brusquement obliquer vers le sud à la hauteur de Rich. Après d'amples méandres et des gorges étroites, ses eaux bleu-vert sont retenues entre des parois rouges au barrage Hassan Addakhil avant Er Rachidia et repartent au fond d'une vallée dans un ruban de verdure encadré par des plateaux. Il arrose le Tafilalt avant de se perdre dans le Sahara.

Vallée du Ziz

Les ports du désert

Entre Er Rachidia et Erfoud, kasbahs et ksour se succèdent au cœur des palmeraies, le long de la vallée du Ziz. Toutes ces constructions parfaitement entretenues présentent une variété infinie de détails que l'on découvre sans cesse. Ce sont des tours crénelées, des puits aux formes simples et diverses, des portails décorés, des petites fenêtres fermées par des grilles en fer forgé, des terrasses aménagées et des enduits de couleur pastel et d'un fini au modelé délicat.

Erfoud

La ville d'Erfoud, de construction récente, est le centre administratif du Tafilalt. Cette immense palmeraie s'étend sur près de trente kilomètres. Cette région a un passé historique prestigieux. Sa capitale Sijilmassa, fondée au VIIIe siècle près de Rissani, fut un grand port caravanier du XIe au XVe siècle. Elle connut son apogée au XIVe siècle avec le marché des esclaves sur le chemin de Tombouctou, et au XVIIe quand la famille des Alaouites, originaire de cette région et reconnue descendante du Prophète, prit le pouvoir au Maroc.

La palmeraie de plus de 800 000 palmiers subit une période de sècheresse malgré les efforts réalisés pour l'irriguer, les foggaras (ou rhettaras) qui drainent les nappes phréatiques par des canalisations souterraines ne suffisant plus.

ERFOUD

Les ports du désert

RISSANI

Les ports du désert

Au centre de la palmeraie du Tafilalt, le gros village de Rissani a longtemps été la capitale. De l'ancienne cité de Sijilmassa, il ne reste que quelques pans de murs ensablés. Par contre, le ksar Oulad Abd el Halim dresse toujours ses hautes murailles et sa porte monumentale au décor de briques crues. Le mausolée de Moulay Ali Chérif, fondateur de la dynastie alaouite, ayant été emporté lors d'une crue de l'oued, a dû être reconstruit aux abords de la ville en 1955.

Rissani

Le souk de Rissani est très organisé en plusieurs quartiers. On y trouve un parc de stationnement pour les ânes, l'enclos du marché aux moutons et aux chèvres, des échoppes qui vendent des accessoires pour les montures, un endroit réservé au stockage des bois, le marché aux légumes et aux épices. Par des ruelles étroites à lumière tamisée, on arrive au souk aux dattes. Des femmes vêtues de noir présentent des bijoux en argent de fabrication artisanale sous des arcades roses.

Merzouga

MERZOUGA

Les ports du désert

L'erg Chebbi, le plus grand désert de sable du Maroc, est formé d'un cordon de dunes d'une trentaine de kilomètres, dont les plus hautes atteignent près de 150 mètres. Merzouga, petite oasis typiquement saharienne, est très vivante grâce à une source abondante. Le lac de Dayet Srji, au pied des dunes, n'a de l'eau qu'en hiver ; il attire alors des centaines de flamants roses, des cigognes et des canards. Plus au sud, à Taouz, on peut voir des gravures rupestres.

Vallée du Drâa

VALLÉE DU DRÂA

Les ports du désert

Sur plus de 200 kilomètres, jusqu'à Mhamid, l'oued Drâa alimente depuis Agdz une succession d'oasis cultivées. A l'ombre des hauts palmiers, de beaux jardins entourés de murs en pisé sont irrigués par de nombreux canaux. La vallée est prospère et les ksour sont habités ; les paysans devaient protéger leurs récoltes contre les nomades pillards venant du Sud, ce qui explique le nombre considérable de villages fortifiés qui s'échelonnent tout au long de la rivière.
A proximité d'Agdz, la montagne mauve du jebel Sarhro sert de toile de fond à l'imposante kasbah de Timiderte, construite par la famille du Glaoui sur une terrasse naturelle dominant la vallée.

Vallée du Drâa

La large vallée du Drâa se resserre entre les jebel Bou Zeroual et Azlag qui laissent passer les eaux le long des grandes parois lisses, puis elle s'élargit à nouveau avant Zagora. Les villages qui bordent l'oued sur l'une ou l'autre rive ont des souks hebdomadaires : les hommes et les femmes qui s'y rendent à pied, à dos d'âne ou de mulet, créent une grande animation.
Zagora est entrée dans l'Histoire avec les Chorfa saadiens, qui partirent en guerre sainte de la vallée du Drâa pour conquérir le Sous et tout le pays. Ils menèrent leur aventure jusqu'à Tombouctou. Ils s'y établirent et en rapportèrent d'énormes butins : or et esclaves noirs qui firent la grande richesse des Saadiens.

Les ports du désert

Vallée du Drâa

MHAMID

Les ports du désert

De Zagora, une route conduit jusqu'à Mhamid, dernière oasis située au bord du Drâa.
Toutes les communications vers le Sud s'arrêtent là. Ce n'était pas le cas aux siècles précédents, lorsque les échanges commerciaux avec le Soudan étaient importants ; la ville était devenue un grand centre caravanier aux XVIe et XVIIe siècles.
Il reste les ruines du ksar Ksebt el Aloui d'où partit une expédition à la conquête de Tombouctou sous le règne d'Ahmed el Mansour.
L'oued Drâa se dirige définitivement à l'ouest, vers l'océan Atlantique éloigné de plus de deux cents kilomètres, et disparaît dans l'immensité des dunes de sable et du reg des vastes étendues du Sahara occidental, le pays des hommes bleus et des grandes caravanes.

Tamegroute

Tamegroute, situé à 20 kilomètres au sud de Zagora sur la route de Mhamid, est célèbre pour sa zaouïa fondée au XVe siècle par Ahmed Ali Ansari. Le mausolée renferme le tombeau du grand saint Mohammed ibn Nasir (mort en 1674) fondateur de la confrèrie Nasiriyya. Ses œuvres furent le premier fonds de la bibliothèque. Ce sont, avec de nombreux manuscrits enluminés du Coran (XIIIe siècle), des ouvrages d'histoire et de médecine, un véritable joyau du patrimoine culturel marocain.

TAMEGROUTE

Les ports du désert

Tagounite

Après Tamegroute, nous trouvons les villages de Nesrate, Tagounite et Oulad Driss. Nesrate, ancienne cité berbère des Aït Atta au pied du jebel Tadrart, est régie par ses propres coutumes (chaque ksar a les siennes). Tagounite, qui comprend une dizaine de ksour, est entouré d'une immense palmeraie. Ses constructions en pisé sont sobres et sévères. Sous les arcades, dans les impasses, ce ne sont que contrastes d'ombre et de lumière, de fraîcheur ou de chaleur torride. Du haut du col Tizi Beni Selmane (747 m), on aperçoit l'immensité du désert ; après une bande de verdure, c'est le reg et le nombre incalculable des dunes qui partent vers l'infini. Dans la palmeraie d'Oulad Driss l'homme doit constamment stopper la progression des dunes.

TAGOUNITE

Les ports du désert

Tiznit

TIZNIT

Les ports du désert

Le sultan Moulay Hassan a fondé Tiznit pendant sa campagne contre le Sous. C'est un carrefour entre le désert, le sud du Sous et l'ouest de l'Anti-Atlas. Son méchouar, centre des principales activités, est entouré par les différents souks répartis autour de cours bordées d'arcades. Les bijoux en argent et les armes fabriqués à Tiznit sont réputés. La Grande Mosquée possède un minaret bardé de perches, semblable à ceux du Niger ou du Mali.

BOU-IZAKARN

Le dernier col de l'Anti-Atlas franchi au Tizi-Miguert, à 1 057 mètres d'altitude, on débouche vers les vastes étendues arides du Sud. Bou-Izakarn se trouve au milieu d'une grande cuvette désertique. C'est le dernier croisement des routes qui mènent à l'est vers Tata et Zagora et au Sud jusqu'à la frontière de la Mauritanie.
A l'ouest, au bord de la côte atlantique, le petit village d'Ifni, restitué par les Espagnols en 1969, présente quelques vestiges de l'architecture coloniale.

ASSA

Les ports du désert

Goulimine (ou Guelmim) ne fait plus rêver aux hommes bleus et à son marché aux chameaux, car si la ville ancienne a conservé ses ruelles étroites et ses maisons en pisé, la cité moderne aux immeubles de béton rouge s'est considérablement agrandie. Assa, situé à 100 kilomètres au sud-est dans une région de montagnes et de plaines arides, est une oasis saharienne connue pour sa zaouïa du XIIIe siècle et ses 240 marabouts entourés de palmiers.

TAN-TAN

Tan-Tan, ville moderne sans végétation, subit de fortes chaleurs en été et de violents vents de sable. Son port et sa plage ont un climat plus agréable. La pêche à la sardine en a fait un des plus importants ports sardiniers du Maroc. A proximité, et profitant d'une magnifique plage, les premières infrastructures d'une station touristique en cours de réalisation commencent à fonctionner.
La côte vers le sud est constituée d'un plateau désertique dont les falaises, hautes de 40 mètres, surplombent l'océan. Des petites cabanes s'échelonnent sur des dizaines de kilomètres le long du bord de mer et servent d'abris aux pêcheurs. De grandes lignes sont lancées du haut des rochers, car les barques ne peuvent s'approcher.

LA CÔTE AU SUD DE TAN-TAN

Les ports du désert

OUED CHEBEIKA

Les ports du désert

Sur plus de 200 kilomètres, cette côte abrupte sans cesse battue par les déferlantes de l'océan n'offre pas de refuges aux bateaux. Des carcasses rouillées de navires qui ont fait naufrage sont échouées, sans espoir de renflouement. La présence des cormorans sur les haubans des mâts est la seule trace de vie à bord. Cette barre rocheuse est interrompue par les embouchures de plusieurs oueds qui créent de larges ouvertures vers l'intérieur des terres. L'oued Chebeika se jette dans l'océan à 30 kilomètres au sud de Tan-Tan. Son large méandre est obstrué par un cordon de dunes d'un beige pastel aux tons dégradés. En hiver, c'est un petit paradis pour les oiseaux migrateurs, et en particulier pour les flamants roses.

OUED EZ ZEHAR

Les rives de l'oued Ez Zehar deviennent plus abruptes lorsqu'il atteint l'océan. Son lit parcourt des bancs de sable très colorés allant du jaune assez clair à l'orange tirant sur le mauve. La route fait une large courbe avant Tarfaya (ancienne escale de l'Aéropostale avant la traversée de l'Atlantique), contourne le Sabkhat Tazra, vaste dépression envahie par les sables où les eaux de l'océan s'engouffrent au gré des marées et se retirent en laissant d'étranges dessins.

SABKHAT TAZRA

Les ports du désert

Laâyoune

LAÂYOUNE

Les ports du désert

Le Maroc a beaucoup investi dans ce désert depuis le départ des Espagnols en 1976. Lâayoune (120 000 habitants) est un exemple de ville moderne dotée d'un plan d'urbanisme : multiples édifices publics ou privés autour d'une vaste place, mosquée, palais des congrès, centre artisanal, bâtiments administratifs et, dans les rues principales, hôtels luxueux, logements. Un hôpital général, un aéroport et un grand stade complètent ces équipements. L'architecture, inspirée de l'habitat saharien, garde des influences espagnoles : toitures-terrasses surmontées de coupoles. L'expansion de Lâayoune est due à l'exploitation de l'or blanc, « le phosphate » qui est extrait à Boukra, à 100 km au sud, puis acheminé au port par transporteur roulant.

Smara

Le cheikh Ma-el-Aïnine fonda Smara, au Sahara occidental, pour en faire une étape caravanière. Il fit construire la kasbah avec l'aide d'artistes venus de Fès et de Tanger. A l'exception des pierres noires de la région, tous les matériaux nobles furent apportés par caravanes. Il créa un centre d'études coraniques et de recherches scientifiques avec une bibliothèque qui contenait près de 450 volumes précieux, disparus pour la plupart. Il ne resta que quelques ruines (murs de la mosquée) après des bombardements en 1913 et 1934.

SMARA

Les ports du désert

BIBLIOGRAPHIE

Arthus-Bertrand Yann, *Le Maroc vu d'en haut*, La Martinière 1998.
Azoulay Katia, Rosilio Elsa, Sibony Régine, *Essaouira. Mogador, parfums d'enfance*, A.C.R. Édition 1991.
Bertrand A., *Tribus berbères du Haut Atlas*, Éditions Vilo 1980.
Besancenot Jean, *Costumes du Maroc*, Édisud 1988.
Bousquet Georges, *Tanger, porte entre deux mondes*, A.C.R. Édition 1992.
Bouzaka A., *La Poterie marocaine*, Taillandier 1987.
Castéra Jean-Marc, *Arabesques*, A.C.R. Édition 1996.
Eugène Delacroix, Le Voyage au Maroc, IMA 1995.
Delriou Frédéric, *Marrakech*, Nouvelle Édition 1994.
Charles de Foucauld, Édition du JA 1998.
Gaudio A., *Maroc saharien*, Édition Dessain et Tolra 1985.
Ghachem-Benkirane Narjess, *Marrakech, demeures et jardins secrets*, A.C.R. Édition 1990.
Gouvion Colette, *Maroc, voir le monde*, Hachette Réalités 1981.
Hermé Suzanne, *Maroc*, F.L.D.
Genini Izza, *Maroc, royaume des mille et une fêtes*, Plume 1998.
Korbendau Yves, *L'Architecture sacrée de l'Islam*, A.C.R. Édition 1997.
Lakhdar K. et Ducrot L., *Rabat, le temps d'une ville*, EDDIF 1991.
Lafond Philippe, *Citadelles du désert*, Nathan Image 1991.
Lamazou Titouan et Huet Karin, *Sous les toits de terre*, Éditions Belvisi al Madariss Publi-Action.
Loizillon Sophie, *Maroc*, Marcus 1998.
Loizillon Sophie, *Marrakech et le Sud*, Hachette 1999.
Lozato-Giotard J.P., *Le Maroc*, Éditions Karthala 1991.

Lugan Bernard, *Histoire du Maroc, des origines à nos jours*, Édition Critérion 1992.
Lyautey P., *Les plus belles lettres de Lyautey*, Calmann-Lévy 1962.
Mourad Khireddine, *Marrakech et La Mamounia*, A.C.R. Édition 1994
Arts et traditions du Maroc, ACR Édition 1998.
Pickens Samuel, *Maroc, cités impériales*, ACR Édition 1995.
Pickens Samuel, *Le Sud marocain*, ACR Édition 1993.
Pickens Samuel, *Les Villes impériales du Maroc*, A.C.R. Édition 1990.
Ramirez Francis et Rolot Christian, *Tapis et tissages du Maroc*, ACR Édition 1995.
Rauzier Marie-Pascale, *Moussems et fêtes traditionnelles au Maroc*, A.C.R. Édition 1997.
Rauzier Marie-Pascale, *Tableaux du Haut Atlas marocain*, Arthaud 1998.
Rouach David, *Bijoux berbères, dans la tradition judéo-arabe*, ACR Édition 1989.
Sijelmassi Mohamed, *Les Arts traditionnels au Maroc*, ACR Édition 1986.
Sijelmassi Mohamed, *Fès, cité de l'art et du savoir*, ACR Édition 1991.
Simonis Damien, *Maroc*, Lonely Planet 1998.
Splendeur du Maroc, Plume 1998.
Tingaud Jean-Marc, *Médinas*, Assouline 1998.
Triki H. et Dovifa A., *Médersa de Marrakech*, E.P.A. 1990.
Warton Édith, *Voyage au Maroc*, Gallimard 1998.

Les photographies sont d'Yves Korbendau, sauf :
p. 184 : Geneviève Demouret-Thoreau
pp. 232 (en bas) : Hoa Qui/Jacques Bravo
pp. 185 (en bas à droite), p. 193 (en bas à gauche) : Hoa Qui/Michel Renaudeau
pp. 172, 179, 193 (en haut à droite), 221 (à gauche, haut et milieu), 232 (en haut et au milieu) : Hoa Qui/Xavier Richer
pp. 173 (colonne de droite), 174 (en bas à gauche), 175 (en bas), 185 (en haut) : Michel Lebrun
pp. 173 (en bas à gauche), 174 (en haut), 180 : Philippe Ploquin et Françoise Peuriot
p. 185 (en bas à gauche) : Philippe Saharoff
pp. 221 (en haut à droite), 259 (colonne de gauche) : Cécile Tréal et Jean-Michel Ruiz